# 헝가리어 표준 교재 A2

# 헝가리어 표준 교재 A2

**초판 인쇄** 2020년 11월 20일
**초판 발행** 2020년 11월 27일

**지은이** 박수영, Kiss Attila, Tóth Tünde
**발행인** 김인철
**총괄·기획** 윤성우 Director, University Knowledge Press
**편집장** 신선호 Executive Knowledge Contents Creator
**도서편집** 이근영 Contents Creator
**디자인** 우승민 Designer
고승현 Designer
**재무관리** 조아라 Managing Creator
**전자책·사전** 장혜린 Contents Creator
**발행처** 한국외국어대학교 지식출판콘텐츠원
02450 서울특별시 동대문구 이문로 107
전화 02)2173-2493~7
FAX 02)2173-3363
홈페이지 http://press.hufs.ac.kr
전자우편 press@hufs.ac.kr
출판등록 제6-6호(1969. 4. 30)
**인쇄·제본** (주)트윈벨미디어 02)2088-1810

ISBN 979-11-5901-829-9 [14730] 정가: 29,000원
979-11-5901-655-4 (세트)

* 잘못된 책은 교환하여 드립니다.



HUINE 은 한국외국어대학교출판부의 어학도서, 사회과학도서, 지역학 도서 Sub Brand이다. 한국외대의 영문명인 HUFS, 현명한 국제전문가 양성(International+Intelligent)의 의미를 담고 있으며, 휴인(携引)의 뜻인 '이끌다, 끌고 나가다'라는 의미처럼 출판계를 이끄는 리더로서, 혁신의 이미지를 담고 있다.

본 교재는 2019년 정부(교육부 국립국제교육원) '특수외국어교육 진흥 사업'의 지원을 받아 수행된 결과입니다. (CFL-한국외-2019-헝가리-C-1)

이 책의 음원(mp3)은 한국외국어대학교 지식출판콘텐츠원 홈페이지(press.hufs.ac.kr) 게시판-자료실에서 다운받아 사용하시기 바랍니다.

Sztenderd Magyar Tankönyv

# 헝가리어 표준 교재

박수영 • Kiss Attila • Tóth Tünde

A2

Szervusztok!

Szia!

Isten hozott!

HU:iNE

# 머리말

이 교재는 특수외국어교육진흥법에 의해 헝가리어를 체계적으로 교육할 목적으로 집필된 『헝가리어 표준 교재 A1』에 이은 초급의 두 번째 단계(A2)에 해당된다. 『헝가리어 표준 교재 A2』는 헝가리어의 문자와 발음, 기본적 문법과 어휘 지식을 습득한 학습자가 본격적으로 헝가리어 문법 지식과 어휘 능력을 갖추고, 일상적 대화를 할 수 있는 수준에 이르도록 하는 데 목표를 두었다.

A1 교재와 비교해서 교재의 내용과 분량이 확대되어 다소 어렵게 느껴질 수 있지만, 각 과의 독해 텍스트를 실제 헝가리 현지에서 생활하는 한국인 학습자의 관점에서 다양한 헝가리인들의 일상생활과 문화적 체험 등으로 구성하여 흥미로움을 갖고 공부할 수 있도록 하였다.

외국어 학습에서 경계해야 할 것이 문법을 중심으로 공부를 하면서 문법 학습의 어려움에서 헤어나오지 못하는 점이다. 새로운 언어를 배우면서 얻는 기쁨이나 해당 언어 사용자들의 문화에 대한 관심과 흥미를 갖지 못하면 언어 공부를 지속할 수 없다. 이 점에 유의하면서, 이 교재에서는 문법 부분을 독해 텍스트를 이해하는 데 필요한 정도로만 간략하게 기술하고, 연습문제 부분을 늘려서 문법 지식과 어휘 능력을 적용할 수 있도록 풍부하게 구성했다. 또한 말하기와 듣기 부분도 동일한 독해 텍스트를 대상으로 반복적으로 연습할 수 있도록 입체적으로 구성하였다.

이 교재는 유럽연합 공통 언어 표준등급 6단계 중 둘째 단계인 A2에 해당되지만, 향후 헝가리어를 능숙하게 구사하기 위한 기초를 다질 수 있도록 다소 높은 수준으로 집필하였다. 이 교재를 통해 헝가리어 학습에 흥미와 보람을 느낄 수 있기를 바라고, 향후 더 높은 단계에서의 헝가리어 학습에 도움이 되기를 희망한다.

2020년 11월

저 자

# 일러두기

『헝가리어 표준 교재 A2』는 유럽의회가 마련한 유럽연합 공통 언어 표준등급(CEFR)을 참고하여 개발되었다. 본 교재는 A1, A2, B1, B2, C1, C2 총 여섯 단계로 구성된 표준등급의 두 번째 단계로서, 『헝가리어 표준 교재 A1』에 이어서 기본 문법 지식을 심화하고 실생활에서 사용할 수 있는 의사 소통 능력의 향상을 위한 실용적인 교재로 개발되었다.

## 집필 방향

- 이 책은 유럽언어공통기준(CEFR)에서 초급(A) 단계에 해당되며, 세부적으로는 A2 단계로 헝가리어의 기초 지식을 심화, 확대하기 위한 목적에서 집필되었다.
- 따라서 헝가리어 표준 교재 A1에서 학습한 지식을 기초로 하여 헝가리어의 문법과 어휘의 보다 심화된 내용을 학습하고, 말하기와 듣기 능력을 발전시킬 수 있도록 꾸며졌다.
- 이 교재는 헝가리어를 공부하는 한국인 학습자가 헝가리의 문화와 생활에 관심을 갖고 이해할 수 있도록, 헝가리에서의 스토리를 중심으로 구성되었다.
- 이 교재는 헝가리어를 전공하는 학생뿐만 아니라 헝가리어를 공부하고자 하는 일반인들도 표준화된 양질의 심화 학습을 제공받을 수 있는 기반을 마련하고자 했다.

## 교재 구성

이 책은 12개의 단원으로 이루어져 있으며, 각 단원은 독해(A), 문법(B), 연습문제(C), 말하기(D), 듣기(E)의 다섯 부분으로 구성되어 있다.

- 첫 번째, 독해(A)는 회화 학습을 동시에 할 수 있도록 '대화가 있는 텍스트' 형태로서 한국인 학생이 헝가리에서 생활하면서 경험하는 일상생활의 다양한 주제들을 선정하여 작성하였다.
- 두 번째, 문법(B)은 '대화가 있는 텍스트'를 읽는 데 필요한 문법 내용만을 예문과 도표로 간략하게 설명하였다.
- 세 번째, 연습문제(C)는 문법에 대한 연습문제와 독해 텍스트의 내용에 대한 연습문제로 구분하여 다양한 유형의 문제풀이 방식으로 학습을 심화시킬 수 있도록 풍부한 문항으로 구성하였다.
- 네 번째, 말하기(D)는 능동적인 언어구사 능력을 향상시킬 수 있도록 '대화 순서 구성하기', '대화하기', '글쓰기'와 '그림 설명하기'로 구성하였다.
- 마지막으로, 다섯 번째 부분인 듣기 연습(E)은 각 단원마다 2개 이상의 듣기 자료를 개발하여 듣기 능력을 평가할 수 있는 방식으로 구성하였다.

# 차례

# 교재구성표

| 단원 | 제목 | 학습목표 |
|---|---|---|
| 1 | NINCS ITTHON SEMMI ENNIVALÓ<br>집에 먹을 게 아무것도 없어요. | • 동사 부정형 (Infinitiv) V-ni 용법 익히기<br>• 존재동사 van/nincs 구문 익히기<br>• 동사 파생접사 -zik와 -l |
| 2 | BEVÁSÁRLÁS<br>장 보기 | • 동사의 과거시제 형태 I 익히기<br>• 양태동사 kell의 용법 익히기<br>• 헝가리 식생활 관련 어휘 익히기 |
| 3 | IMÁDOK VÁSÁROLNI!<br>장 보는 것 좋아해요! | • 형용사의 비교급 익히기<br>• 형용사에서 파생된 부사의 비교급 익히기<br>• 동사 과거시제의 불규칙 형태 익히기 |
| 4 | NYÁRI UTAZÁS<br>여름 휴가 여행 | • 부사와 부사격 어미 익히기<br>• 동사 과거시제 불규칙 형태 익히기<br>• 날씨와 여행에 관한 어휘 익히기 |
| 5 | ÜDVÖZLET A BALATONRÓL<br>벌러톤에서 보내는 인사 | • 동사의 과거시제 목적어적 변화 익히기<br>• 동사의 지배격 논항 익히기<br>• 안부 인사 편지 쓰기 |
| 6 | ORVOSNÁL<br>병원에서 | • 동사의 과거시제 문법변화형 복습하기<br>• 여러 가지 부사격 어미 익히기<br>• 부정 의미 형용사 파생접사 -tlen/-tlan 익히기 |

| 주요 문법과 구문 | 대화 소재 |
|---|---|
| • 동사부정형의 용법: szeret, elmegy + V-ni<br>• 할 마음이 있다/없다 구문: van/nincs kedve<br>• 동사 szokott의 인칭변화<br>• 전철동사 구문 | • 헝가리의 식생활과 음식<br>• 식품 구입과 장 보러 가기 |
| • 동사 과거시제: -t-/-tt-<br>• 양태동사 kell 구문: kell+INF+Px<br>• 후치사 múlva의 사용 | • 식료품 가게에서 장 보기<br>• 농수산물 단위와 수량명사 |
| • 형용사의 비교급 구문<br>• 부사의 비교급<br>• 수량 표현 부사어<br>• 동사 과거시제 II | • 쇼핑하기<br>• 물건 고르기<br>• 점원에게 도움 청하기 |
| • 시간 관련 부사격 어미<br>• 동사 과거시제 III | • 여름 휴가지 소개하기<br>• 휴가지에서의 활동<br>• 날씨와 계절 |
| • 동사 과거시제 IV<br>• 교통수단과 여행에 대한 구문 | • 자전거 여행<br>• 포도산지 방문<br>• 날씨와 복장 |
| • 동사 과거시제 V<br>• 상태부사<br>• 부정 의미 형용사 파생접사 -tlen/-tlan | • 질병과 증세 설명하기<br>• 간단한 자기 소개<br>• 성격 묘사하기 |

# 교재구성표

| 단원 | 제목 | 학습목표 |
|---|---|---|
| 7 | HÉTVÉGI PROGRAMOK<br>주말 프로그램 | • 동사 tetszik이 있는 문장 익히기<br>• 명사의 소유관계 표현 익히기<br>• 관계대명사와 관계 문장 익히기 |
| 8 | SPORT<br>운동 | • 스포츠 종목의 파생동사와 파생명사 익히기<br>• 동사부정형(INF)이 있는 문장의 어순 이해하기<br>• 병렬 접속사의 의미와 용법 익히기 |
| 9 | FODRÁSZNÁL<br>미장원에서 | • 파생명사와 파생형용사 접사 익히기<br>• 빈도를 나타내는 부사격 어미 -nként, -nta/-nte 익히기<br>• 사동사 파생과 사동구문 익히기 |
| 10 | KELLEMES ÜNNEPEKET!<br>즐거운 축일을! | • 전철동사가 있는 문장의 어순 익히기<br>• 복수명사의 소유인칭 변화형 익히기<br>• 후치사의 삼원체계 익히기 |
| 11 | SZERETLEK!<br>사랑해! | • 동사전철의 의미와 기능 익히기<br>• 동사 인칭변화 어미-lek/-lak 익히기<br>• 상호대명사 egymás 용법 익히기 |
| 12 | KINEK IS VOLT AZ ESKÜVŐJE?<br>누구 결혼식이었지? | • 인칭대명사의 격변화 익히기<br>• 후치사와 부사격 어미의 격변화 익히기<br>• 재귀대명사 maga의 용법 익히기 |

| 주요문법과 구문 | 대화 소재 |
|---|---|
| • 빈도 표현<br>• tetszik 동사 용법<br>• 관계대명사와 관계문 | • 좋아하는 운동<br>• 모임 행사, 연극, 영화관에서의 대화 |
| • 명사에서 동사 파생접사<br>동사에서 명사 파생접사<br>양태구문: lehet / szabad / tilos, stb. + INF<br>• 반대, 반전 의미 접속사 | • 스포츠 종목<br>• 자주 하는 운동 설명하기 |
| • 동사에서 명사 파생접사<br>• 명사에서 형용사 파생접사<br>• 빈도를 나타내는 시간부사어<br>• 존재동사의 미래형: van/lesz<br>• 사동사 파생접사 :-at-/-et-, -tat-/-tet | • 머리 모양 묘사하기<br>• 얼굴, 피부 묘사하기<br>• 시간 약속, 예약하기<br>• 우체국에서 편지 부치기 |
| • 동사전철의 어순<br>• 복수명사의 소유인칭 변화형과 복수기호 -i-<br>• 삼원 체계 후치사<br>• 그 밖의 자주 사용하는 후치사 | • 겨울 축일: 산타클로스 날(12월 6일)과 크리스마스<br>• 초대하기와 초대받기 |
| • 동사전철의 의미와 기능<br>• 단수 1인칭 주어와 2인칭 목적어인 경우 동사의 어미: -lek/-lak<br>• 상호대명사 egymás | • 파티에서<br>• 우리가 어디서 만났더라?<br>• 감정 표현과 사랑 고백 |
| • 인칭대명사의 격변화<br>• 후치사의 격변화<br>• 재귀대명사 maga | • 가족과 친지<br>• 결혼과 이혼 |

lecke

# 1

# NINCS ITTHON SEMMI ENNIVALÓ

## 집에 먹을 게 아무 것도 없어요.

**학습목표**

1. 동사 부정형 (Infinitiv) V-ni의 용법 익히기
2. 존재동사 van/nincs 구문 익히기
3. 동사 파생접사 -zik와 -l

1. 헝가리어 문장에서 동사부정형은 어떤 기능을 하나요?
2. 헝가리어 부정문에서 이중부정은 어떤 경우에 나타나나요?
3. 헝가리인의 식생활과 음식은 어떤가요?

## A OLVASMÁNY PÁRBESZÉDDEL 대화가 있는 텍스트

Ez Szumi. Magyar szakos koreai lány. Most Magyarországon tanul. Kollégiumban lakik egy kétágyas szobában. A szobatársa magyar. Borinak hívják. Sok barátjuk és ismerősük van.

*

Szombat van. Szumi és a szobatársa, Bori reggelizik a konyhában. Melegszendvicset esznek és limonádét isznak. Más nincs otthon, ez a reggelijük. Nagyon éhesek.

- Reggeli után elmegyek bevásárolni. Van kedved eljönni velem? – kérdi Bori.
- Szívesen – feleli Szumi. – De miért nem a neten rendelünk?
- Szeretek én választani – mondja Bori.
- Értem – mondja a koreai lány. Majd megkérdezi: – Hol szoktál vásárolni? Mivel megyünk? Busszal vagy gyalog szoktál menni?
- Szombaton mindig a szupermarketben szoktam vásárolni. Általában biciklivel szoktam menni, de ma rossz idő van. Tegnap még szép idő volt. Várj csak,[1] Annának van kocsija. Megkérdezem, elvisz-e minket – Üzen Annának a telefonján. Kis idő múlva: – Hurrá! Kocsival megyünk!
- Szuper! Mikor indulunk?
- Egy fél óra múlva találkozunk a parkolóban.
- Remek! Akkor megyek öltözni.

1 A „várj csak" kifejezésben szereplő „várj" felszólító módú alak. Itt csak kifejezésként szerepel. A felszólító mód nyelvtana egy későbbi könyv tárgy lesz.

## Szavak 단어

| | |
|---|---|
| egyetemi szak | |
| magyar szakos egyetemista/hallgató | |
| kollégium | |
| kétágyas szoba | |
| szobatárs | |
| ismerős | |
| ennivaló | |
| melegszendvics | |
| innivaló | |
| limonádé | |
| bevásárol | |
| öltözik | |
| üzen | |
| neten rendel | |
| Szívesen! | 기꺼이 |
| Értem! | 알겠어 |
| Hurrá! | 야호! |
| Remek! | 좋지! |
| Szuper! | 좋아! |
| Várj csak! | 좀 기다려! |

# B NYELVTAN 문법

## I. 동사의 부정형 INFINITIV : V-ni의 사용

### 1. szeretek én választani 나는 직접 내가 고르는 걸 좋아한다

- szeret + INF ..하기 좋아하다
- én (magam) választani 내가 직접 고르는 것

| | | | |
|---|---|---|---|
| Szeretek | én (magam) | választani. | 나는 내가 직접 고르는 걸 좋아해. |
| Szeretsz | te (magad) | választani. | 너는 네가 직접 고르는 걸 좋아하는구나. |
| Szeret | ő (maga) | választani. | 그는 자기가 직접 고르는 걸 좋아해. |
| Szeretünk | mi (magunk) | választani. | 우리는 우리가 직접 고르는 걸 좋아해. |
| Szerettek | ti (magatok) | választani. | 너희는 너희가 직접 고르는 걸 좋아하는구나. |
| Szeretnek | ők (maguk) | választani. | 그들은 자기들이 직접 고르는 걸 좋아해. |

### 2. Reggeli után elmegyek bevásárolni 나는 아침 식사 후에 장 보러 간다

- 전철동사 elmegy + INF ..하러 가다

| | | |
|---|---|---|
| Elmegyek | bevásárolni. | 나는 장 보러 간다. |
| Elmész | bevásárolni. | |
| Elmegy | bevásárolni. | |
| Elmegyünk | bevásárolni. | |
| Elmentek | bevásárolni. | |
| Elmennek | bevásárolni. | |

## 3. Van kedved eljönni velem? 너 나하고 같이 갈 마음 있니?

● 존재동사 van/nincs + kedv-소유인칭기호 + INF ..할 마음이 있다/없다

| | | | |
|---|---|---|---|
| (nekem) | van/nincs | kedvem | + INF |
| (neked) | | kedved | |
| (neki) | | kedve | |
| (önnek) | | | |
| (nekünk) | | kedvünk | |
| (nektek) | | kedvetek | |
| (nekik) | | kedvük | |
| (önöknek) | | | |

| | |
|---|---|
| Van/Nincs kedved eljönni velem? | 너는 나와 같이 갈 마음 있니?/없니? |
| Van/Nincs kedvetek eljönni velem? | 너희들은 나와 같이 갈 마음 있니?/없니? |
| Van/Nincs kedve eljönni velem? | 나와 같이 갈 마음이 있으세요?/없으세요? |

## 4. Szoktál interneten rendelni? 너는 주로 인터넷으로 주문하곤 하니?

● SZOKIK 동사는 과거형으로 사용하며 규칙적인 습관을 표현한다.

| | | | |
|---|---|---|---|
| (én) | (nem) | szoktam | + INF |
| (te) | | szoktál | |
| (ő) | | szokott | |
| (ön) | | | |
| (mi) | | szoktunk | |
| (ti) | | szoktatok | |
| (ők) | | szoktak | |
| (önök) | | | |

| | |
|---|---|
| (Ön) szokott interneten rendelni? | 인터넷으로 주문하곤 하세요? |
| (Én) nem szoktam interneten rendelni. | 나는 인터넷으로 주문하지 않습니다. |

## II. Szóképzés 파생법 : Igealkotás 동사 파생접사 –zik와 –l

### 1. 명사 + –zik

| | | | |
|---|---|---|---|
| reggeli | 아침 식사 | reggelizik | 아침 먹다 |
| tízórai | 오전 (열 시에 먹는) 간식 | tízóraizik | 오전 간식 먹다 |
| uzsonna | 오후 간식 | uzsonnázik | 오후 간식 먹다 |
| vacsora | 저녁 식사 | vacsorázik | 저녁 먹다 |

### 2. 명사 + -l

| | | | |
|---|---|---|---|
| ebéd | 점심 식사 | ebédel | 점심 먹다 |
| rend | 질서, 정돈 | rendel | 주문하다 |
| vásár | 시장 | vásárol | 사다/장 보다 |

## III. Mondatalkotás 문장 만들기

### 1. A kettős tagadás 이중부정문 : nincs + semmi/senki

➋ 헝가리어의 부정의미 단어 semmi, senki가 부정어 nem, sem 또는 부정동사 nincs, sincs와 함께 쓰인 문장을 이중부정문이라 한다.

| | |
|---|---|
| Nincs itthon semmi ennivaló. | 집에 먹을 게 아무 것도 없다. |
| Nincs itthon semmi innivaló. | 집에 마실 게 아무 것도 없다. |
| Nincs semmi érdekes a tévében. | 텔레비전에 재미있는 게 아무 것도 없다. |
| Van itthon valaki? | 집에 누구 있어요? |
| Nincs itthon senki. | 집에 아무도 없어요. |
| Nincs senki az egyetemen. | 대학에 아무도 없다. |
| Nincs senki az irodában. | 사무실에 아무도 없다. |
| Nincs senki (sem) a buszmegállóban. | 버스정류장에 아무도 없다. |
| Nincs semmi a hűtőben. | 냉장고에 아무 것도 없다. |
| Semmi pénzem nincsen/sincsen. | 나는 돈이라고는 하나도 없다. |
| Nincs semmi pénzem. | 나는 돈이 하나도 없다. |

### 2. 부정동사 sincs는 부정이 강조된 의미를 나타내며, 이 경우에는 부정어 semmi, senki가 sincs의 앞에 놓인다.

| | |
|---|---|
| Senki sincs otthon. | 집에 아무도 없다. |
| Senki sincs a teremben. | 교실에 아무도 없다. |
| Senki sincs az órán. | 수업시간에 아무도 없다. |
| Semmi sincs a hűtőben. | 냉장고에 아무 것도 없다. |
| Semmi kedvem sincs elmenni a boltba. | 나는 가게에 갈 마음이 조금도 없다. |
| Semmi kedvem sincs felkelni. | 나는 일어날 마음이 조금도 없다. |
| Semmi kedvem sincs tanulni. | 나는 공부할 마음이 조금도 없다. |

| | |
|---|---|
| Nagyon éhes vagyok. | 나는 배가 몹시 고프다. |
| Nincs semmi a hasamban. | 내 배 속에는 아무 것도 없다/배가 몹시 고프다. |
| Semmi sincs a hasamban. | 내 배 속에 아무 것도 없다/배가 몹시 고프다. |

## 3. Az igekötő használata 동사전철의 사용

- 동사전철은 동사 동작의 완료를 표현한다. 따라서 실제 동작이 일어났음을 표현하기 위해서 동사전철이 동사 앞에 있게 된다.

Bori **meg**kérdezi Annát, hogy **el**viszi-e őket a boltba.
보리는 언니에게 그들을 가게에 같이 데리고 가겠느냐고 물어본다.

**El**mennek a boltba vásárolni.
그들은 가게에 장 보러 갑니다.

**Be**vásárolnak a boltban.
그들은 가게에서 장을 봅니다.

Utána a konyhában **el**készítik az ebédet.
그리고 나서 주방에서 점심을 만듭니다.

- 동사전철이 없는 동작은 동작의 완료가 중요한 게 아니고 동작이 어디서 어떻게 일어나느냐에 대한 표현이다. 그러므로 동사 앞에는 장소 부사어, 시간 부사어, 비한정 명사구 등이 오게 된다.

*A boltba mennek* vásárolni.
그들은 장 보러 가게에 갑니다.

***El**mennek a boltba* vásárolni.
그들은 가게에 장 보러 갑니다.

***A boltba elmennek* vásárolni.

A lányok *a boltban vásárolnak* és otthon *ebédet készítenek*.
소녀들은 가게에서 장을 보고 집에서 점심을 만듭니다.

A lányok ***be**vásárolnak a boltban* és utána a konyhában **el**készítik az ebédet.
그들은 가게에서 장을 보고 그 다음에 부엌에서 점심을 만듭니다.

*A boltban **be**vásárolnak és utána a konyhában az ebédet **el**készítik.

# C GYAKORLATOK 연습문제

## C1 SZÓKINCSGYAKORLATOK 어휘 연습

### 1. KIEGÉSZÍTÉS 채워 넣기

**Írja be a hiányzó betűket! 빈칸에 알맞은 글자를 넣어 단어를 만드시오!**

1) magyar sza_____os
2) reggeli_____ik
3) mi_____el
4) tíz_____rai
5) koll_____gium
6) ke_____v
7) tálálko_____ik
8) uzs_____nna
9) szobat_____rs
10) v_____laszt
11) ko_____i
12) szo_____ott
13) ismer_____s
14) ölt_____zik
15) in_____ul
16) gya_____og

### 2. SZINONIMÁK 유의어

**Milyen hasonló szavakat talál a szövegben? Milyen más hasonló szavakat ismer? Adja meg a szó szinonimáját! 15쪽 'A 대화가 있는 텍스트'에서 다음 단어들의 유의어를 찾아 적으시오!**

1) étel: *ennivaló, pl. melegszendvics,* ________________

2) ital: ________________

3) hétvége: ________________

4) egyetem: ________________

5) kocsival: ________________ megy

6) szuper: ________________

## 3. ELLENTÉTEK 반의어

**Mi az ellentéte a következő szavaknak, kifejezéseknek? A szavakat megtalálja a lecke szövegében. 15쪽 'A 대화가 있는 텍스트'에서 다음 단어의 반의어를 찾아 적으시오!**

1) borzasztó ⟷ *szuper*

2) utána ⟷ ______

3) szeret ⟷ ______

4) van kedve ⟷ ______

5) remek ⟷ ______

6) indul ⟷ ______

7) kérdez ⟷ ______

8) levetkőzik ⟷ ______

9) jön ⟷ ______

10) most ⟷ ______

## 4. TÁBLÁZAT 도표

**Töltse ki a táblázatot! 도표를 채우시오!**

| Mit eszel reggelire? | Mit eszel ebédre? | Mit eszel vacsorára? |
|---|---|---|
| | | |
| | | |
| | | |
| | | |
| | | |
| | | |
| | | |
| | | |

| Mit iszol reggelire? | Mit iszol ebédre? | Mit iszol vacsorára? |
|---|---|---|
| | | |
| | | |

| MELLÉKNEVEK (JELZŐ) | | -t RAGOS FŐNEVEK (jelzett szó tárgyesetben) | |
|---|---|---|---|
| csípős | sült | almát | pogácsát |
| édes | szénsavas | barackot | rizst |
| forró | szénsavmentes | csirkét | sajtot |
| főtt | tejfölös | gombát | salátát |
| habos | vajas | gulyást | bort |
| hideg | | gyümölcslevest | gyümölcslét |
| jeges | | halászlét | kakaót |
| kakaós | | hamburgert | kávét |
| lekváros | | káposztát | kólát |
| meleg | | kenyeret | sört |
| mézes | | krumplit / burgonyát | teát |
| paprikás | | kukoricát | tejet |
| rántott | | marhahúst | üdítőt |
| sajtos | | palacsintát | vizet |
| savanyú | | pizzát | |

## C2 | SZÖVEGÉRTÉSI FELADATOK 본문 독해 문제

### 1. IGAZ/HAMIS 사실/거짓

**Olvassa el a *Nincs itthon semmi ennivaló* című szöveget! Igaz vagy hamis? Ha hamis, írja le a helyes mondatot! 15쪽 'A 대화가 있는 텍스트'를 읽고 내용의 진위 igaz/hamis (I/H)를 표시하고, 거짓인 경우에는 사실을 적으시오!**

1) Szumi koreai szakos egyetemista. ( igaz / hamis )

______________________________

2) Szumi albérletben lakik egy kétágyas szobában. ( igaz / hamis )

______________________________

3) Bori Szumi ismerőse. ( igaz / hamis )

______________________________

4) Bori ebédel a konyhában. ( igaz / hamis )

______________________________

5) A lányok az egyetemi menzán reggeliznek. ( igaz / hamis )

______________________________

6) Otthon most nincs sok ennivaló. ( igaz / hamis )

______________________________

7) Bori szeret az interneten rendelni. ( igaz / hamis )

______________________________

8) A lányok busszal utaznak. ( igaz / hamis )

______________________________

9) Anna kocsiján mennek a boltba. ( igaz / hamis )

---

## 2. FELELETVÁLASZTÓS TESZT 맞는 답 고르기

**1) Kicsoda Szumi?**

Ⓐ Egyetemista lány.

Ⓑ Magyar lány.

Ⓒ Koreai tanár.

Ⓓ Koreai turista.

**2) Kicsoda Bori?**

Ⓐ Egyetemista lány.

Ⓑ Magyar fiú.

Ⓒ Magyar tanár.

Ⓓ Magyartanár.

**3) Hol lakik Szumi?**

Ⓐ Budapesten.

Ⓑ Magyarországon egy kollégiumban.

Ⓒ A Hankuk Egyetem jongini kampuszán.

Ⓓ Otthon.

**4) Mit csinálnak a lányok?**

Ⓐ Reggeliznek a konyhában.

Ⓑ Reggelit készítenek.

Ⓒ Ebédet főznek.

Ⓓ Vacsoráznak egy étteremben.

**5) Mi a probléma?**

Ⓐ Nincs reggeli.

Ⓑ Nincs otthon ennivaló.

Ⓒ Nincs internet.

Ⓓ Nincs pénzük.

**6) Mivel mennek vásárolni?**

Ⓐ Gyalog vagy busszal.

Ⓑ Nem mennek vásárolni.

Ⓒ Bori anyukája elviszi őket kocsival.

Ⓓ Egy barátnőjük elviszi őket kocsival.

## 3. KIEGÉSZÍTÉS 채워 넣기

**Illesze a megadott szavakat a kipontozott helyekre! 적합한 단어를 골라 빈칸을 채워 넣으시오!**

Szumi és magyar __________, Bori éppen reggeliznek. Sajnos nincs __________ semmi ennivaló, ezért elmennek __________ Bori __________, Anna elviszi őket kocsival.

Ⓐ bevásárolni Ⓑ barátnője Ⓒ szobatársa Ⓓ otthon

## C3 NYELVTANI FELADATOK 문법 문제

## 1. KIEGÉSZÍTÉS 채워 넣기

**Pótolja a hiányzó végződéseket! 빈칸에 알맞은 어미를 넣어 문장을 완성하시오!**

1) Szumi reggeliz______ a konyhá______.

2) Melegszendvics______ esz______ és limonádé______ isz______.

3) De még éhes______. Bori______ elmen______ bevásárol______.

4) Bori barátnő______, Anna elvisz______ ők______ a bolt______.

## 2. KIEGÉSZÍTÉS 채워 넣기

**Írja be a hiányzó igéket a megfelelő alakban az alábbi szövegbe!** 주어진 동사를 선택하여 적합한 형태로 변형하여 문장을 완성하시오!

| | | | | |
|---|---|---|---|---|
| eszik | reggelizik | vásárol | megy | iszik |
| szeret | valaszt | szokott | megy | üzen |

1) Szumi és a szobatársa, Bori a konyhában ____________.

2) Melegszendvicset ____________ és limonádét ____________.

3) Reggeli után el akarnak menni ____________.

4) Bori nem ____________ a neten rendelni.

5) Ő szeret a boltban ____________.

6) Bori szombaton mindig a szupermarketbe ____________ menni.

7) Általában biciklivel szokott ____________, de most ____________ Annának a telefonján, mert neki van kocsija.

8) A lányok ma kocsival ____________ az áruházba.

## 3. MONDATALKOTÁS 문장 만들기

**Kösse össze az összetartozó félmondatokat! 맞는 짝을 연결하여 문장을 완성하시오!**

| | |
|---|---|
| 1) Ma nincs kedvem • | • A) semmi ennivaló. |
| 2) Nincs itthon • | • B) egyetemre. |
| 3) Gyalog járok be az • | • C) vásárolni. |
| 4) Anna elvisz • | • D) éhesek? |
| 5) Nem vagytok • | • E) van. |
| 6) Sok barátom • | • F) kocsival. |

# D AKTÍV NYELVHASZNÁLAT 능동적 언어구사

## 1. DIALÓGUSÉPÍTÉS 대화 구성하기

**Rakja sorba az alábbi mondatokat, hogy értelmes párbeszédet kapjon! 의미 있는 대화가 가능하도록 다음 문장들의 순서를 배열하시오!**

1) ________ → ________ → ________ → ________

a. Az hol van?

b. Szumi, te hol laksz?

c. Közel a folyóparthoz, a körúton.

d. Most az Eötvös Kollégiumban lakom.

2) ________ → ________ → ________ → ________

a. Tessék!

b. Köszönöm!

c. Tejjel, cukorral?

d. Kávét és kalácsot.

e. Mit kérsz reggelire?

f. Egy kevés tejjel és két cukorral.

3) ________ → ________ → ________ → ________

a. Rendben. És köszönöm.

b. Mikor és hol találkozunk?

c. Persze, én is éppen oda készülök.

d. A kollégium előtt egy fél óra múlva, jó?

e. Szeretnénk elmenni Szumival bevásárolni. El tudsz vinni bennünket kocsival?

4) ________ → ________ → ________ → ________

a. Persze. Miért ne?

b. Sajnos nincs itthon semmi.

c. Van itthon valami ennivaló?

d. Akkor elmegyek a boltba. Van kedved eljönni velem?

## 2. BESZÉLGETÉS 대화하기

**Alkosson kérdéseket és kérdezze meg a párjától! 주어진 단어를 활용하여 질문을 만들고, 대화 상대에게 질문하시오!**

**1) Hol / hogyan szoktál vásárolni?**

① online ② a kisboltban ③ a szupermarketben ④ a bevásárlóközpontban

**2) Hogyan mégy vásárolni?**

① gyalog ② biciklivel ③ busszal/metróval ④ kocsival

**3) Hol laksz?**

① kollégiumban ② albérletben ③ a szüleimnél ④ a saját lakásomban

**4) Hol szoktál tanulni?**

① a szobámban ② a kávézóban ③ a könyvtárban ④ a parkban

**5) Mi a kedvenc italod?**

① a tej ② a víz ③ a kávé ④ más

## 3. FOGALMAZÁS 글쓰기

**Vajon mit ír Bori Annának? Bori는 Anna에게 무엇을 쓸까요?**

Kedves Anna!

_______________________________________________

_______________________________________________

Köszi!

Bori

## 4. KÉPLEÍRÁS 그림 설명하기

**다음 그림에 대해 예시문과 같이 설명하시오!**

예시문

Ezen a képen egy családot látunk. Ebédelnek vagy vacsoráznak. Ebben a családban két gyerek van: egy kisfiú és egy kislány. Az apa és az anya is fiatal. A nagymama is velük vacsorázik. A poharakban valamilyen sárga ital van, talán narancslé. Nem tudom, mit esznek. Valamilyen húst esznek.

Ezen a képen egy ____________________ látunk. ________

_______________________________________________

A reggelije: ____________________________________

A kezében ______________________________________

A konyha _______________________________________

_______________________________________________

_______________________________________________

# E HALLÁS UTÁNI SZÖVEGÉRTÉS 듣기 연습

## E1 | HANGANYAG 듣기 텍스트 1

### 1. FELELETVÁLASZTÓS TESZT 맞는 답 고르기

**Válaszoljon a hallott szövegre vonatkozó kérdésekre! 텍스트를 듣고 질문에 답하시오!**

**1) Kicsoda Bence?**

Ⓐ Egyetemista lány.
Ⓑ Magyar lány.
Ⓒ Egyetemista fiú.
Ⓓ Finn turista.

**2) Mit tanul Bence?**

Ⓐ Magyar nyelvet.
Ⓑ Nem tanul semmit, már dolgozik.
Ⓒ Sportot.
Ⓓ Informatikát.

**3) Mit NEM csinál Bence a szabadidejében?**

Ⓐ Egyetemre jár.
Ⓑ Sportol.
Ⓒ Olvas.
Ⓓ Zenét hallgat.

**4) Hol lakik Bence?**

Ⓐ Albérletben.
Ⓑ Kollégiumban.
Ⓒ A szüleinél.
Ⓓ A lakásában.

**5) Vajon ismeri Bence a lányokat (Szumit és Borit)?**

Ⓐ Nem, mert máshol lakik.
Ⓑ Igen, mert azon a szinten lakik, mint ők.
Ⓒ Nem, mert másik épületben lakik.
Ⓓ Igen, mert ő is magyar szakos.

## 2. KIEGÉSZÍTÉS 채워 넣기

**A hallott szöveg alapján illessze be a szavakat a mondatokba!** 텍스트를 듣고 적합한 단어를 골라 문장에 채워 넣으시오!

| huszonkét | Informatikát | Ugyanott | filmet néz |
|---|---|---|---|
| huszonhárom | Matematikát | Egy másik épületben | rajzol |

Bence ____________ éves. ____________ tanul az egyetemen. ____________ lakik, mint Bori.

Szabadidejében sportol, olvas, és sok ______________.

## E2 HANGANYAG 듣기 텍스트 2

### 1. FELELETVÁLASZTÓS TESZT 맞는 답 고르기

**Válaszoljon a hallott szövegre vonatkozó kérdésekre! 텍스트를 듣고 질문에 답하시오!**

**1) Hova mennek a fiúk?**

Ⓐ Sétálni.
Ⓑ Órára.
Ⓒ A boltba.
Ⓓ Moziba.

**2) Hova megy Zoli?**

Ⓐ Az egyetemre.
Ⓑ Bevásárolni.
Ⓒ Sportolni.
Ⓓ Könyvtárba.

**3) Melyik boltba mennek?**

Ⓐ A közeli kisboltba.
Ⓑ A szupermarketbe.
Ⓒ A könyvesboltba.
Ⓓ Az informatikai üzletbe.

**4) Vajon hol lakik Zoli?**

Ⓐ Ott, ahol a fiúk.
Ⓑ Családi házban.
Ⓒ A szüleinél.
Ⓓ A lakásában.

**5) Mit csinál Zoli?**

Ⓐ Megy mosakodni indulás előtt.
Ⓑ Megy fogat mosni indulás előtt.
Ⓒ Máris hozza a kocsit.
Ⓓ Megy átöltözni indulás előtt.

## 2. KIEGÉSZÍTÉS 채워 넣기

**A hallott szöveg alapján illessze be a szavakat a mondatokba!** 텍스트를 듣고 적합한 단어를 골라 문장에 채워 넣으시오!

| | | | |
|---|---|---|---|
| kollégiumban | A fiúk | Őt nem | átöltözni |
| az utcán | A lányok | Őt is | kirándulni |

Valószínűleg Zoli is ____________ lakik. ____________ vásárolni indulnak. ____________ hívják vásárolni. Zoli gyorsan megy ____________.

MEMO

lecke

# 2 BEVÁSÁRLÁS

## 장 보기

학습목표

1. 동사의 과거시제 형태 I 익히기
2. 양태동사 kell 구문 익히기
3. 헝가리 식생활 관련 어휘 익히기

1. 장 보고 온 일에 대해 과거시제로 표현할 수 있나요?
2. 헝가리 농수산물은 어떤 단위로 측정하나요?
3. 헝가리어 쇼핑 관련 어휘에는 무엇이 있나요?

## A OLVASMÁNY PÁRBESZÉDDEL 대화가 있는 텍스트

A lányok megérkeztek Anna kocsijával a szupermarkethez. A szupermarket a bevásárlóközpontban van, a földszinten. A lányok kiszálltak a kocsiból és odamentek a bevásárlókocsikhoz. A bevásárlókocsi aprópénzzel működik: egy százforintos kell bele.

BORI Együtt megyünk vagy külön?
ANNA Külön, ha lehet. Nagyon sok mindent kell vennem. Egy óra múlva itt találkozunk, rendben?
BORI Jól van. De mi Szumival mehetünk együtt, ő nem ismeri még úgy az üzletet. Jó?
ANNA Rendben.

Anna elindult a bevásárlókocsival. Szumi és Bori is bement a kocsival az üzletbe. Az üzletben halk zene szólt. Sok volt a vásárló és kevés az eladó.

A lányok először szénsavas ásványvizet, üdítőt: gyümölcslét (almalét és paradicsomlét), tejet, vajat, tojást, kenyeret, zsemlét, kolbászt, szalámit, paradicsomot, fehér paprikát és rizst vettek.

SZUMI Mi kell még? Csinálsz gulyást ebédre?
BORI Gulyást és pörköltet is. De üres otthon a hűtő, szóval mindent meg kell vennünk.
SZUMI Nemcsak a hűtő, de a konyhaszekrény is üres. Még paprikánk sincs.
BORI Akkor veszünk! Csemegepaprikát is és erőset is.
SZUMI Milyen hús kell a gulyásba?
BORI Természetesen: marhahús. 30 deka elég lesz. Kell még bele 30 deka krumpli, két fej vöröshagyma, egy kevés zsír, egy fej zöldpaprika, egy kis fokhagyma és egy kis leveszöldség is.
SZUMI Vehetünk zöldséget is?
BORI Persze. Zöldséget és gyümölcsöt is. Görögdinnyét és édesburgonyát. Holnap húslevest csinálunk meg rántott cukkinit és gesztenyepürét. Itt a cukkini, itt a gesztenye.
SZUMI Kell még majd tejszínhab is.
BORI És egy kis rum.
SZUMI Tényleg?
BORI Csak egy kevés, nem sok. Így ni! Ez elég is erre a hétvégére meg a jövő hétre.

A lányok odamentek a pénztárhoz. Beálltak a sorba.

PÉNZTÁROS 28.612 forint lesz. Készpénzzel vagy kártyával fizet?
BORI Kártyával.
PÉNZTÁROS Szatyrot adhatok?
BORI Köszönjük, van nálunk.

## Szavak 단어

megérkezik
kiszáll
odamegy
bevásárlókocsi
gulyás
pörkölt
krumpli
vöröshagyma
zsír
zöldpaprika
fokhagyma
leveszöldség
görögdinnye
édesburgonya
húsleves
rántott
cukkini
gesztenyepüré
tejszínhab
sor
sorban áll
fej
deka

# B NYELVTAN 문법

## I. 동사의 과거형 : 과거 시제 표지 : -t/-tt

### 1. 규칙 동사: 모든 인칭에서 -t, 단 3인칭 단수 1변화에서는 -tt

A lányok megérkeztek a boltba. 소녀들은 가게에 도착했다.

| | |
|---|---|
| (én) | megérkeztem |
| (te) | megérkeztél |
| (ő) | *megérkezett* |
| (mi) | megérkeztünk |
| (ti) | megérkeztetek |
| (ők) | megérkeztek |

### 2. l, ll, n으로 끝나는 동사: 모든 인칭에서 -t

A lányok kiszálltak a kocsiból. 소녀들은 차에서 내렸다.

| | | |
|---|---|---|
| (én) | kiszálltam | pihentem |
| (te) | kiszálltál | pihentél |
| (ő) | kiszállt | pihent |
| (mi) | kiszálltunk | pihentünk |
| (ti) | kiszállatok | pihentetek |
| (ők) | kiszálltak | pihentek |

## 3. van, megy 의 과거시제어간: volt-, ment-

➋ A lányok bevásárolni voltak. 소녀들은 장 보고 있었다.

| | |
|---|---|
| (én) | voltam |
| (te) | voltál |
| (ő) | volt |
| (mi) | voltunk |
| (ti) | voltatok |
| (ők) | voltak |

➋ A lányok bevásárolni mentek. 소녀들은 장 보러 갔다.

| | |
|---|---|
| (én) | mentem |
| (te) | mentél |
| (ő) | ment |
| (mi) | mentünk |
| (ti) | mentetek |
| (ők) | mentek |

## II. 타동사의 과거 목적어적(II) 변화

**1. Rendben - mondta Anna. 좋아 - 언니가 말했다.**
**Mi kell még? - kérdezte Anna. 뭐가 또 필요하지? - 언니가 물었다.**

▶ 타동사에서 목적어적 변화(II)의 경우 과거시제 기호는 모든 인칭에서 -t 이다.

| | I | II | I | II |
|---|---|---|---|---|
| (én) | mondtam | mondtam | kérdeztem | kérdeztem |
| (te) | mondtál | mondtad | kérdeztél | kérdezted |
| (ő) | mondott | mondta | kérdezett | kérdezte |
| (mi) | mondtunk | mondtuk | kérdeztünk | kérdeztük |
| (ti) | mondtatok | mondtátok | kérdeztetek | kérdeztétek |
| (ők) | mondtak | mondták | kérdeztek | kérdezték |

## III. kell + 동사 부정형INF-인칭어미Px

**1. Nagyon sok mindent kell vennem. 나는 매우 많은 모든 것을 사야 한다.**

| | |
|---|---|
| (nekem) sok mindent kell vennem | |
| (neked) | venned |
| (neki) | vennie |
| (nekünk) | vennünk |
| (nektek) | vennetek |
| (nekik) | venniük |

## 2. Mindent meg kell vennem. 나는 모든 걸 다 사야 한다.

| | |
|---|---|
| (nekem) | Mindent meg kell vennem. |
| (neked) | meg kell venned. |
| (neki) | meg kell vennie. |
| (nekünk) | meg kell vennünk. |
| (nektek) | meg kell vennetek. |
| (nekik) | meg kell venniük |
| (nekem) | Tanulnom kell. |
| (neked) | Tanulnod kell. |
| (neki) | Tanulnia kell. |
| (nekünk) | Tanulnunk kell. |
| (nektek) | Tanulnotok kell. |
| (nekik) | Tanulniuk kell. |

## IV. 후치사 múlva .. 후에, 지나고

### 1. Egy óra múlva itt találkozunk, rendben? 우리 한 시간 후에 여기서 만나자, 괜찮지?

현재와 미래 시제 문장에서 사용된다.

| | |
|---|---|
| X év/hónap/hét/nap/óra/perc múlva | '몇 년/달/주/날/시간/분 후에' |
| két év múlva | 2년 후에 |
| két hónap múlva | 두 달 지나 |
| két hét múlva | 두 주 후에 |

## V. 자주 쓰이는 과거 시제 문장

| | |
|---|---|
| Nem tudtam jönni. | 나는 올 수가 없었다. |
| Nem gondoltam, hogy… | 나는 ..라고 생각하지 않았다. |
| Azt mondtam, hogy… | 나는 ..라고 말했다. |
| Mit kérdeztél? | 너 뭐 물어보았지? |
| Mit mondtál? | 너 뭐라고 말했어? |
| Bocsánat, nem láttam. | 미안해요 나는 못 보았어요. |
| Bocsánat, nem tudtam. | 미안해요, 나는 몰랐어요. |
| Bocsánat, hogy késtem. | 늦어서 미안해요. |
| Bocsánat, hogy elkéstem. | 지각해서 죄송해요. |

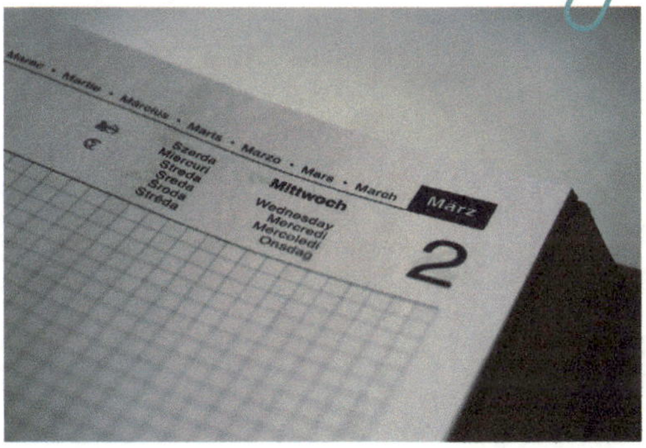

# C GYAKORLATOK 연습문제

## C1 SZÓKINCSGYAKORLATOK 어휘 연습

### 1. KIEGÉSZÍTÉS 채워 넣기

**Írja be a hiányzó betűket! 빈칸에 알맞은 글자를 넣어 단어를 만드시오!**

1) apr_____énz
2) szén_____avas
3) geszt_____nye
4) tejsz_____nhab
5) cuk_____ini
6) bankk_____rtya
7) pap_____pénz
8) guly_____sleves
9) term_____szetesen
10) föld_____int
11) üz_____et
12) édesb_____rgonya

## 2. SZINONIMÁK 유의어

**Milyen hasonló szavakat talál a szövegben? Milyen más hasonló szavakat ismer? Adja meg a szó szinonimáját! 39쪽 'A 대화가 있는 텍스트'에서 다음 단어의 유의어를 찾아 적으시오!**

» Például:
üzlet ≈ *bolt, szupermarket, kisbolt, pláza*

1) érme ≈ ______

2) mond ≈ ______

3) vevő ≈ ______

4) boltos ≈ ______

5) gyümölcslé ≈ ______

6) hús ≈ ______

7) hűtőszekrény ≈ ______

8) krumpli ≈ ______

9) cukkini, spenót ≈ ______

10) húsleves ≈ ______

## 3. ELLENTÉTEK 반의어

**Mi az ellentéte a következő szavaknak, kifejezéseknek? A szavakat megtalálja a lecke szövegében. 39쪽 'A 대화가 있는 텍스트'에서 다음 단어의 반의어를 찾아 적으시오!**

» Pl. külön ⟷ *együtt*

1) semmit ⟷ ______________

2) ott ⟷ ______________

3) rengeteg ⟷ ______________

4) nagy ⟷ ______________

5) adunk ⟷ ______________

6) gyenge ⟷ ______________

7) tele ⟷ ______________

8) erre a hétre ⟷ ______________

9) szénsavmentes ⟷ ______________

10) beülnek ⟷ ______________

## 4. TÁBLÁZAT 도표

**Töltse ki a táblázatot! keresse ki a szavakat az olvasmányból és a C1.2. feladatból! 도표를 채우시오! 39쪽 'A 대화가 있는 텍스트'와 C1.2. 문제에서 단어를 찾으시오!**

| liter | kiló | deka |
|---|---|---|
| egy liter tej | egy kiló kenyér | harminc deka sajt |
| | | |
| | | |
| | | |
| | | |

| fej | pohár | doboz |
|---|---|---|
| két fej vöröshagyma | egy pohár tejföl | egy doboz keksz |
| | | |
| | | |
| | | |
| | | |

## C2 | SZÖVEGÉRTÉSI FELADATOK 본문 독해 문제

### 1. IGAZ/HAMIS 사실/거짓

**Olvassa el a *Bevásárlás* című szöveget! Igaz vagy hamis? Ha hamis, írja le a helyes mondatot!**
**39쪽 'A 대화가 있는 텍스트'를 읽고 내용의 진위 I/H(Igaz/Hamis)를 표시하고, 거짓인 경우에는 사실을 적으시오!**

1) A lányok biciklivel mennek bevásárolni. ( I / H )

______________________________

2) Anna nem tud kocsit vezetni. ( I / H )

______________________________

3) A szupermarket a bevásárlóközpontban van, a földszinten. ( I / H )

______________________________

4) A szupermarketnél a bevásárlókocsik nem működnek. ( I / H )

______________________________

5) A szobatársak együtt vásárolnak. ( I / H )

______________________________

6) A lányok délután egy órakor találkoznak ismét. ( I / H )

______________________________

7) Az üzletben kevés a vásárló. ( I / H )

______________________________

8) A lányok italokat és ételeket vásárolnak. ( I / H )

______________________________

9) A gulyásba nem szükséges húst tenni. ( I / H )

10) A paprika mindig erős. ( I / H )

11) Ma nem vesznek gyümölcsöket. ( I / H )

## 2. FELELETVÁLASZTÓS TESZT 맞는 답 고르기

**1) Hol vásároltak a lányok?**

Ⓐ A kisboltban.
Ⓑ Az éjjelnappaliban.
Ⓒ A szupermarketben.
Ⓓ Az interneten.

**2) Mivel lehet használni a bevásárlókocsit?**

Ⓐ Egy százforintossal.
Ⓑ Papírpénzzel.
Ⓒ Bankkártyával.
Ⓓ Semmi sem kell bele.

**3) Szumi és Bori együtt vagy külön vásároltak?**

Ⓐ Külön.
Ⓑ Igen.
Ⓒ Együtt.
Ⓓ Nem együtt vásároltak.

**4) Mit akartak aznap ebédelni a lányok?**

Ⓐ Húslevest.
Ⓑ Rántott cukkinit és gesztenyepürét.
Ⓒ Ebédet főznek.
Ⓓ Gulyáslevest és marhapörköltet.

**5) Mi nem kell a gulyásba?**

Ⓐ Marhahús.
Ⓑ Burgonya.
Ⓒ Szója.
Ⓓ Paprika.

**6) Mi nem kell a gesztenyepürébe?**

Ⓐ Gesztenye.
Ⓑ Tejszínhab.
Ⓒ Rum.
Ⓓ Cukkini.

## 3. KIEGÉSZÍTÉS 채워 넣기

**Illessze a megadott szavakat a kipontozott helyekre! 적합한 단어를 골라 빈칸을 채워 넣으시오!**

A szupermarketben bevásárlókocsiba vagy kosárba lehet ____________ az árut.

A ____________ lehet fizetni.

A bevásárlókocsi ____________ működik: egy százforintost kell bele tenni.

A lányok megveszik az élelmiszereket a ____________ hétre.

Ⓐ pakolni Ⓑ aprópénzzel Ⓒ pénztárnál Ⓓ következő

## C3 NYELVTANI FELADATOK 문법 문제

## 1. KIEGÉSZÍTÉS 채워 넣기

**Pótolja a hiányzó végződéseket! 빈칸에 알맞은 어미를 넣어 문장을 완성하시오!**

Nem tudom, mi kell a gulyás______. Betettem az áru______ a kocsi______. Merre találom a zöldségek______? Jobb______ a második sor______. A pénztárnál beálltam a sor______.

## 2. KIEGÉSZÍTÉS 채워 넣기

**Pótolja a hiányzó végződéseket! 빈칸에 알맞은 어미를 넣어 문장을 완성하시오!**

Anna is a pénztárnál áll. A szalagra teszi az 1)áru________: 2)kacsacomb________, meg egy fej 3)karfiol________, két kiló 4)búzaliszt________, két kiló 5)cukr________, egy liter 20%-os 6)ecet_______, egy üveg 7)méz_______, egy kiló 8)őszibarack_______, két kiló 9)szilva_______, egy fej 10)tök_______ és egy zacskó 11)zöldbab_______, egy liter 12)baracklé_______, két liter 13)tej_______, egy doboz 14)tea_______, egy csomag 15)kávé_______, egy doboz 16)kakaó_______, fél liter barna 17)sör_______, egy üveg 18)vörösbor_______ és egy üveg 19)barackpálinka_______.

Annának 25.312 20)forint__________ kell fizetnie. 21)Készpénz__________ fizet. Átadja a 22)pénz_______, 25.320 23)forint_______. A pénztáros beteszi a 24)pénz_______ a 25)kassza_______, és keresi a 26)visszajáró_______. De Anna nem kér vissza. Megvárja a 27)többiek_______.

Szumiék is sorra kerülnek. A pénztáros beolvassa a 28)kódok_______, végül azt mondja:

– 26.345 forint lesz.

Bori elővesz a 29)pénztárcája_______, kiveszi a 30)bankkártyája_______ és fizet.

– A jövő 31)hét_______ én fizetek – mondja Szumi.

– 32)Rend_______ – feleli Bori.

– Bepakolunk a 33)kocsi_______ – mondja Anna a másik két lánynak, – és utána visszajövünk körülnézni a 34)pláza_______.

# D AKTÍV NYELVHASZNÁLAT 능동적 언어구사

## 1. DIALÓGUSÉPÍTÉS 대화 구성하기

**Rakja sorba az alábbi mondatokat, hogy értelmes párbeszédet kapjon! 의미 있는 대화가 가능하도록 문장의 순서를 배열하시오!**

1) ___________ → ___________ → ___________ → ___________

a. Például?

b. Elég sok mindent.

c. Mit vettél a boltban?

d. Például tejet, kenyeret… Megvettem mindent, ami kell.

2) ___________ → ___________ → ___________ → ___________

a. Mikor?

b. Ó, sajnos elfelejtettem!

c. Hoztál cukrot a boltból?

d. Leszaladok a kisboltba, hozok egy kilót.

e. Egy negyedóra múlva, amikor véget ér a meccs.

f. Akkor nem tudok süteményt sütni, és a kávéba sem lesz.

3) ___________ → ___________ → ___________ → ___________

a. Milyen idő lesz ma?

b. Nem tudom. Nem mondtak esőt.

c. A hírekben azt mondták, szép, napos idő lesz.

d. Pedig elég felhős az ég. Szerinted vigyek esernyőt?

4) __________ → __________ → __________ → __________

a. Sajnos. Most mit csináljunk?

b. Biztosan elfelejtetted feltölteni.

c. Nem tudom. A film már elkezdődött.

d. Bocsánat a késésért. Lemerült a telefonom.

## 2. MONDATALKOTÁS 문장 만들기

**Kösse össze az összetartozó félmondatokat! 맞는 짝을 연결하여 문장을 완성하시오!**

| | |
|---|---|
| 1) Megvettem mindent, • | • A) tejet. |
| 2) Kérek egy fél kiló • | • B) a pénztár? |
| 3) Kérek egy liter • | • C) trappista sajtot. |
| 4) Lemerült • | • D) vigyek ernyőt? |
| 5) Szerinted • | • E) ami kell. |
| 6) Bocsánat, merre van • | • F) a telefonom. |

## 3. KIEGÉSZÍTÉS 채워 넣기

**Alkosson kérdéseket a megadott szavakkal és kérdezze meg a párjától! 주어진 단어를 활용하여 질문을 만들고, 대화 상대에게 질문하시오!**

| | | | | | |
|---|---|---|---|---|---|
| vásárolni | bevásárló kocsi | | | | |
| pénztár | sorban áll | eladó | bevásárlóközpont | | parkoló |
| zöldségek | gyümölcsök | görögdinnye | fizet | kosár | bankkártya |

Hol szoktál gyakran *vásárolni*? ____________________ A boltban/ szupermarketben / plázában.

Hogy működik a *bevásárló kocsi*? ______________Apróval. / Érmével. ______________________

## 4. KÉPLEÍRÁS 그림 설명하기

**아래 그림에 대해 예시문과 같이 설명하시오!**

예시문

Ezen a képen egy élelmiszerboltot látunk. Itt vannak a zöldségek és a gyümölcsök. Nagyon sok! De a boltban kevés a vásárló. Vajon miért? Talán ez a bolt nagyon drága, nem tudom. A gyümölcsök és a zöldségek nagyon színesek. Az alma piros, sárga vagy zöld. A banán sárga. A citrom citromsárga, a narancs narancssárga. A szőlő sárga, zöld vagy lila. A paradicsom piros.

Ezen a képen egy ______________________ látunk.

Az eladókat nem lehet látni. Biztosan a pénztárnál vannak.

A vásárlók ______________________

A polcok ______________________

A könyvek ______________________

Én *gyakran* / *ritkán* járok könyvesboltba. *Szeretek* / *Nem szeretek* olvasni.

# E HALLÁS UTÁNI SZÖVEGÉRTÉS 듣기 연습

## E1 | HANGANYAG 듣기 텍스트 1

### 1. FELELETVÁLASZTÓS TESZT 맞는 답 고르기

**Válaszoljon a hallott szövegre vonatkozó kérdésekre! 텍스트를 듣고 질문에 답하시오!**

**1) Hogyan köszönt az eladó?**

Ⓐ *Jó napot kívánok!*-kal.
Ⓑ Nem köszönt.
Ⓒ *Sziá*val.
Ⓓ *Mit adhatok?*-kal.

**2) Mit NEM kért Bence?**

Ⓐ kenyeret
Ⓑ szalámit
Ⓒ teát
Ⓓ sört

**3) Mit tud Bence készíteni ebből?**

Ⓐ gulyást
Ⓑ pörköltet
Ⓒ szalámis vajaskenyeret
Ⓓ zsíroskenyeret szalámival

**4) Hány forintot fizet Bence?**

Ⓐ 3800
Ⓑ 4000
Ⓒ 1000
Ⓓ Háromszázhetvenhét.

**5) Mit nem kér Bence? (Mert van nála.)**

Ⓐ pénzt
Ⓑ bankkártyát
Ⓒ sört
Ⓓ szatyrot

## 2. KIEGÉSZÍTÉS 채워 넣기

**A hallott szöveg alapján illessze be a szavakat a mondatokba! 텍스트를 듣고 적합한 단어를 골라 문장에 채워 넣으시오!**

| vásárol | tegezi | vegetáriánus | táskát |
|---|---|---|---|
| körülnéz | magázza | eszik húst | biciklit |

Bence ____________ a kisboltban. Az eladólány ____________, mert mindketten fiatalok.

Bence valószínűleg ____________ Mindig visz magával ____________, ha vásárolni megy.

## E2 | HANGANYAG 듣기 텍스트 2

## 1. FELELETVÁLASZTÓS TESZT 맞는 답 고르기

**Válaszoljon a hallott szövegre vonatkozó kérdésekre! 텍스트를 듣고 질문에 답하시오!**

**1) Van szatyor Zolinál?**

Ⓐ Van.
Ⓑ Nincs.
Ⓒ Nem tudjuk.
Ⓓ Hátizsákja van.

**2) Hol vásárolhatott Zoli?**

Ⓐ A szupermarketben.
Ⓑ A kisboltban.
Ⓒ A könyvesboltban.
Ⓓ Az étteremben.

**3) Mivel szeretne fizetni Zoli?**

Ⓐ Nem szeretne fizetni.
Ⓑ Készpénzzel, de nem lehet.
Ⓒ Kártyával, de nem lehet.
Ⓓ Kuponnal, de nem lehet.

**4) Kapott vissza Zoli a pénzéből?**

Ⓐ Nem.

Ⓑ Zoli borravalót adott.

Ⓒ Kapott vissza aprót.

Ⓓ Kártyával fizetett.

**5) Hogy köszönt el Zoli?**

Ⓐ *Sziá*val.

Ⓑ Azt mondta: *Viszontlátásra.*

Ⓒ Azt mondta: *Viszlát.*

Ⓓ Szép napot kívánt Zolinak.

## 2. KIEGÉSZÍTÉS 채워 넣기

**A hallott szöveg alapján illessze be a szavakat a mondatokba! 텍스트를 듣고 적합한 단어를 골라 문장에 채워 넣으시오!**

| | | | |
|---|---|---|---|
| a kisboltban | vett | kártyával | vitt magával |
| a hipermarketben | nem vett | készpénzzel | a boltban vett |

Zoli is ______________ vásárolt. ______________ húst. ______________ szeretne fizetni. ______________ szatyrot.

lecke

# 3

# IMÁDOK VÁSÁROLNI!

## 장 보는 것 좋아해요!

**학습목표**

1. 형용사의 비교급 익히기
2. 형용사에서 파생된 부사의 비교급 익히기
3. 동사 과거시제의 불규칙 형태 익히기

1. 쇼핑할 때 물건에 대해 비교하고 묻는 표현은 어떻게 하나요?
2. 헝가리어 부사를 적절히 사용할 줄 아나요?
3. 옷을 살 때 모양과 색상 등에 대한 표현은 어떻게 하나요?

## A OLVASMÁNY PÁRBESZÉDDEL 대화가 있는 텍스트

Miután a lányok megvették az enni- és innivalót a szupermarketben, és szépen bepakolták a kocsiba, gyorsan visszamentek a plázába. Bementek az egyik boltba. Anna sokáig válogatott. A másik két lány is nézelődött. Kiválasztottak néhány ruhát.

- Mit gondoltok? Jól áll? – kérdezte kíváncsian Anna. Egy klasszikus szabású pöttyös ruha volt rajta. Fehér ruha fekete pöttyökkel.
- Nagyon – mondta kedvesen Bori. – Nagyon csinos vagy benne.
- Remekül áll – mondta Szumi őszintén. Ő egy piros szoknyát próbált fel. – Melyik szebb? Az a kék vagy ez a piros? Szerintetek nem túlzás ez a piros?
- Éppen ellenkezőleg – felelte bölcsen Anna. – Szépen kiemeli a fehér bőrödet. Még fehérebbnek látszik mellette.
- Nem túl drága – mondta vidáman Szumi. – Olcsóbb is, mint a másik. Azt hiszem, megveszem.
- Én is megveszem ezt a pöttyöset. Ez most nagyon divatos. Divatosabb, mint a csíkos vagy a kockás. Szeretek divatosan öltözni.
- Jó. Menjünk[1] akkor a pénztárhoz! – mondta Bori. Miután kifizették a ruhákat és betették őket a kocsiba, ismét visszamentek a plázába.

*

Bementek a ruhabolt melletti elektronikai üzletbe, mert Szumi telefonjának a töltője elromlott.

- Jó napot! Mit segíthetek? – kérdezte őket az eladó.
- Jó napot! Egy töltőt keresünk.
- Milyen töltőt?
- Telefontöltőt.
- Milyen márkájú a telefon?
- Samsung.
- Erre vannak a töltők. A laptopok utáni sorban.

1 (우리) 가자!

- Köszönjük.
- Nagyon szívesen.
- Mennyibe kerül ez a fehér?
- 4499 forint.
- Olcsóbb nincs?
- De van. Ez a fekete csak 3399.
- Az olcsóbbat kérem.
- Rendben. Másvalamit?
- Mást nem.
- Szatyrot számolhatok hozzá?
- Köszönöm, nem kérek szatyrot.
- Rendben. Készpénz vagy kártya?
- Bocsánat, nem értem.
- Készpénzzel fizet vagy kártyával?

## Szavak 단어

| | |
|---|---|
| bepakol | ellenkezőleg |
| sokáig | bölcsen |
| válogat | kiemel |
| nézelődik | látszik |
| kiválaszt | csíkos |
| kíváncsian | kockás |
| klasszikus szabású | öltözik |
| pöttyös | ruhabolt |
| őszintén | elektronikai üzlet |
| felpróbál | töltő |
| túlzás | elromlik |
| éppen | |

# B NYELVTAN 문법

## I. 형용사의 비교급과 최상급 MELLÉKNÉVFOKOZÁS

### 1. Melyik szebb? 어느 것이 더 예쁜가요?
### Az olcsóbbat kérem. 더 저렴한 것을 주세요.

- 비교급 -bb: : 형용사 원급 .. -bb
- 최상급 a leg....bb: : 정관사 a + leg - 비교급

| ALAPFOKÚ 원급 | KÖZÉPFOKÚ 비교급 | FELSŐFOKÚ 최상급 |
|---|---|---|
| új | újabb | a legújabb |
| okos | okosabb | a legokosabb |
| édes | édesebb | a legédesebb |
| kék | kékebb | a legkékebb |
| drága | drágább | a legdrágább |
| fekete | feketébb | a legfeketébb |
| gyönyörű | gyönyörűbb | a leggyönyörűbb |
| szomorú | szomorúbb | a legszomorúbb |

- 불규칙 형용사의 비교급과 최상급

| ALAPFOKÚ 원급 | KÖZÉPFOKÚ 비교급 | FELSŐFOKÚ 최상급 |
|---|---|---|
| szép | szebb | a legszebb |
| jó | jobb | a legjobb |
| nehéz | nehezebb | a legnehezebb |
| hosszú | hosszabb | a leghosszabb |
| bátor | bátrabb | a legbátrabb |

### 부정수사의 비교급과 최상급

| ALAPFOKÚ 원급 | KÖZÉPFOKÚ 비교급 | FELSŐFOKÚ 최상급 |
|---|---|---|
| sok | több | a legtöbb |
| kevés | kevesebb | a legkevesebb |

| | |
|---|---|
| Melyiket kéri? | 어느 것을 드릴까요? |
| Az újabbat. | 더 새 것을요. |
| A nagyobbat. | 더 큰 것을요. |
| Az olcsóbbat. | 더 싼 것을요. |
| Milyen laptopot szeretne? | 어떤 랩톱을 원하세요? |
| Gyorsabbat, mint a régi. | 예전 것보다 빠른 것을요. |

## II. 형용사에서 부사 파생

### 1. 형용사의 부사 파생접사: -l/-ul/-ül, -an/-en
형용사 비교급의 부사 파생접사: -an/-en

| MILYEN? | HOGYAN? | MILYEN? | HOGYAN? |
|---|---|---|---|
| jó | jól | jobb | jobban |
| remek | remekül | remekebb | remekebbül |
| szuper | szuperül | szuperebb | szuperebbül |
| bizonytalan | bizonytalanul | bizonytalanabb | bizonytalanabbul |
| kényelmetlen | kényelmetlenül | kényelmetlenebb | kényelmetlenebbül |
| kellemetlen | kellemetlenül | kellemetlenebb | kellemetlenebbül |
| szép | szépen | szebb | szebben |
| gyors | gyorsan | gyorsabb | gyorsabban |
| udvarias | udvariasan | udvariasabb | udvariasabban |
| csinos | csinosan | csinosabb | csinosabban |
| fehér | fehéren | fehérebb | fehérebben |
| drága | drágán | drágább | drágábban |
| divatos | divatosan | divatosabb | divatosabban |
| biztos | biztosan | biztosabb | biztosabban |
| kényelmes | kényelmesen | kényelmesebb | kényelmesebben |
| kedves | kedvesen | kedvesebb | kedvesebben |
| kellemes | kellemesen | kellemesebb | kellemesebben |
| fáradt | fáradtan | fáradtabb | fáradtabban |
| éhes | éhesen | éhesebb | éhesebben |
| hosszú | hosszan | hosszabb | hosszabban |

## 2. 수사에서 부사 파생

| | |
|---|---|
| *Ketten* vagyunk testvérek. | 우리 형제는 둘이다. |
| *Húszan* vagyunk a csoportban. | 우리는 팀은 스무 명이다. |
| *Egyedül* vagyok otthon. | 나는 집에 혼자이다. |

파생접사: -an/-en

| | | |
|---|---|---|
| 1 | egy | egyedül |
| 2 | két | ketten |
| 3 | három | hárman |
| 4 | négy | négyen |
| 5 | öt | öten |
| 6 | hat | hatan |
| 7 | hét | heten |
| 8 | nyolc | nyolcan |
| 9 | kilenc | kilencen |
| 10 | tíz | tízen |

## III. 동사의 과거시제 표지: -t, 또는 -tt

### 1. 과거시제 주어적 변화: 3인칭 단수에서 -tt, 그 밖의 모든 인칭에서 -t

- Elromlott a telefon. 전화가 고장났다.
- Elromlott a hűtőszekrény. 냉장고가 고장났다.

• pl. lát → látott, dob → dobott, enged → engedett, hív → hívott, érez → érzett

| | | |
|---|---|---|
| láttam | éreztem | hívtam |
| láttál | éreztél | hívtál |
| látott | érzett | hívott |
| láttunk | éreztünk | hívtunk |
| láttatok | éreztetek | hívtatok |
| láttak | éreztek | hívtak |

- 예외: -d로 끝나는 동사

• pl. ad → adott, tud → tudott, szed → szedett, enged → engedett, imád → imádott

| | | |
|---|---|---|
| adtam | tudtam | imádtam |
| adtál | tudtál | imádtál |
| adott | tudott | imádott |
| adtunk | tudtunk | imádtunk |
| adtatok | tudtatok | imádtatok |
| adtak | tudtak | imádtak |

## 2. 과거시제 목적어적 변화: 모든 인칭에서 -t

| | |
|---|---|
| Elhoztad? | 너 그거 가져왔니? |
| Megcsináltuk. | 우리는 (그것) 다 했어요. |
| Befejeztem. | 나는 (그것) 다 끝마쳤어요. |

| 과거 시제 | |
|---|---|
| 주어적 변화 | 목적어적 변화 |
| gondoltam | gondoltam |
| gondoltál | gondoltad |
| gondolt | gondolta |
| gondoltunk | gondoltuk |
| gondoltatok | gondoltátok |
| gondoltak | gondolták |

| 과거 시제 | |
|---|---|
| 주어적 변화 | 목적어적 변화 |
| kértem | kértem |
| kértél | kérted |
| kért | kérte |
| kértünk | kértük |
| kértetek | kértétek |
| kértek | kérték |

| 과거 시제 | |
|---|---|
| 주어적 변화 | 목적어적 변화 |
| adtam | adtam |
| adtál | adtad |
| adott | adta |
| adtunk | adtuk |
| adtatok | adtátok |
| adtak | adták |

| 과거 시제 | |
|---|---|
| 주어적 변화 | 목적어적 변화 |
| néztem | néztem |
| néztél | nézted |
| nézett | nézte |
| néztünk | néztük |
| néztetek | néztétek |
| néztek | nézték |

## 3. 불규칙 동사의 과거형

• eszik : ett-, evett

| 과거 시제 | |
|---|---|
| 주어적 변화 | 목적어적 변화 |
| ettem | ettem |
| ettél | etted |
| evett | ette |
| ettünk | ettük |
| ettetek | ettétek |
| ettek | ették |

• vesz: vett-

| 과거 시제 | |
|---|---|
| 주어적 변화 | 목적어적 변화 |
| vettem | vettem |
| vettél | vetted |
| vett | vette |
| vettünk | vettük |
| vettetek | vettétek |
| vettek | vették |

# C GYAKORLATOK 연습문제

## C1 SZÓKINCSGYAKORLATOK 어휘 연습

### 1. KIEGÉSZÍTÉS 채워 넣기

**Írja be a hiányzó betűket!** 빈칸에 알맞은 글자를 넣어 단어를 만드시오!

1) be_____kol

2) vá_____gat

3) néze_____dik

4) pö_____ös

5) cs_____ os

6) tö_____ő

7) ko_____ás

8) di_____ tos

### 2. SZINONIMÁK 유의어

**Milyen hasonló szavakat talál a szövegben? Milyen más hasonló szavakat ismer? Adja meg a szó szinonimáját!** 63쪽 'A 대화가 있는 텍스트'에서 다음 단어의 유의어를 찾아 적으시오!

» Például:
üzlet ≈ *szupermarket, kisbolt, pláza*

1) megnéz ≈ ____________________

2) okos ≈ ____________________

3) nem olyan, mint ≈ ____________________

4) modern ≈ ____________________

5) fülhallgató ≈ ____________________

6) nem működik ≈ ____________________

7) kedves ≈ ____________________

8) keres ≈ ____________________

9) áruház ≈ ______________________

10) táska ≈ ______________________

11) hagyományos ≈ ______________________

12) gyönyörű ≈ ______________________

## 3. ELLENTÉTEK 반의어

**Mi az ellentéte a következő szavaknak, kifejezéseknek? A szavakat megtalálja a lecke szövegében. 63쪽 'A 대화가 있는 텍스트'에서 다음 단어의 반의어를 찾아 적으시오!**

» Pl. külön ⟷ *együtt*

1) rosszabb ⟷ ______________________

2) buta ⟷ ______________________

3) régi ⟷ ______________________

4) szomorúan ⟷ ______________________

5) jól működik ⟷ ______________________

6) levesz ⟷ ______________________

7) ódivatú ⟷ ______________________

8) borzasztó csúnya ⟷ ______________________

9) elad ⟷ ______________________

## C2 | SZÖVEGÉRTÉSI FELADATOK 본문 독해 문제

### 1. IGAZ/HAMIS 사실/거짓

**Olvassa el az *Imádok vásárolni* című szöveget! Igaz vagy hamis? Ha hamis, írja le a helyes mondatot! 63쪽 'A 대화가 있는 텍스트'를 읽고 내용의 진위 igaz/hamis (I/H)를 표시하고, 거짓인 경우에는 사실을 적으시오!**

1) A lányok biciklivel mennek bevásárolni. (Igaz / Hamis)

______________________________

2) Anna hamar talált magának egy új ruhát. (Igaz / Hamis)

______________________________

3) A ruhákat a fel lehet próbálni. (Igaz / Hamis)

______________________________

4) Annának egy pöttyös ruha tetszik. (Igaz / Hamis)

______________________________

5) A töltőt is a ruhaboltban lehet megvásárolni. (Igaz / Hamis)

______________________________

## 2. FELELETVÁLASZTÓS TESZT 맞는 답 고르기

**1) Hol vásárolnak a lányok?**

Ⓐ A kisboltban.
Ⓑ A ruhaboltban.
Ⓒ A szupermarketben.
Ⓓ Az interneten.

**2) Milyen ruhát vett Szumi?**

Ⓐ Pöttyöset.
Ⓑ Csíkosat.
Ⓒ Kéket.
Ⓓ Pirosat.

**3) Milyen ruhát vett Anna?**

Ⓐ Kockásat.
Ⓑ Pöttyöset.
Ⓒ Zöldet.
Ⓓ Olcsót.

**4) Milyen ruhát vett Bori?**

Ⓐ Divatosat.
Ⓑ Pirosat.
Ⓒ Semmilyet.
Ⓓ Feketét.

**5) Melyik ruha olcsóbb?**

Ⓐ A piros.
Ⓑ A kék.
Ⓒ A sárga.
Ⓓ A pöttyös.

**6) Mit kellett vennie Szuminak?**

Ⓐ Levegőt.
Ⓑ Elemet.
Ⓒ Telefontöltőt.
Ⓓ Csokoládét.

## 3. KIEGÉSZÍTÉS 채워 넣기

**Illessze a megadott szavakat a kipontozott helyekre! 적합한 단어를 골라 빈칸을 채워 넣으시오!**

Ha ruhát veszünk, ______________ kell próbálni, hogy biztosak ______________ a méretben.

Nem jó, ha egy ruha túl ______________ vagy túl nagy; túl ______________ vagy túl szoros.

Persze az sem ______________, ha túl ______________.

Ⓐ legyünk
Ⓑ fel
Ⓒ jó
Ⓓ kicsi
Ⓔ bő
Ⓕ drága

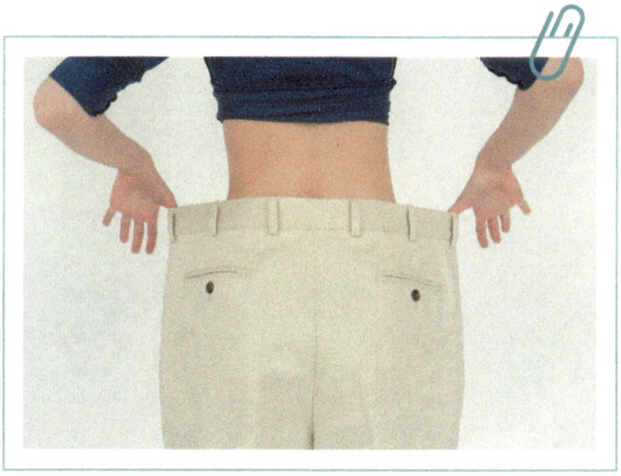

## C3 NYELVTANI FELADATOK 문법 문제

## 1. KIEGÉSZÍTÉS 채워 넣기

**Pótolja a hiányzó végződéseket! 빈칸에 알맞은 어미를 넣어 문장을 완성하시오!**

Nem tudom, melyik 1)csinos______________: a kék vagy a piros. Szerintem a bő pulóver 2)kényelmes______, mint a szoros. 3)Jobb______ szeretem a fejhallgatót, mint a fülhallgatót. Ez a szín most 4)divatos________, mint a másik. Vajon a 5)hossz_______ szoknya áll 6)jobb_______, vagy a 7)rövid________?

## 2. KIEGÉSZÍTÉS 채워 넣기

**Pótolja a hiányzó végződéseket! 빈 곳에 어미를 채워 넣어 문장을 완성하시오!**

– Jó 1)nap________! 2)Fülhallgató________ szeretnék venni.

– Milyen 3)márkájú________?

– Mindegy. Minél 4)jobb________ és minél 5)olcsóbb________.

– Színben?

– Mindegy.

– Ez a fehér vagy ez a rózsaszín hogy 6)tetsz________?

– Talán inkább a 7)fehér________ 8)kér________.

– 9)Rend________.

## 3. IGERAGOZÁS.

**Olvassa el még egyszer a *Imádok vásárolni* című szöveget. Húzza alá a múlt idejű igealakokat a szövegben és figyelje meg a cselekvő személyt! 63쪽 'A 대화가 있는 텍스트'를 읽고 과거시제 동사형에 밑줄을 긋고, 주어를 확인하시오!**

» Például: *kifizették a ruhákat* – a lányok (ők)

## D AKTÍV NYELVHASZNÁLAT 능동적 언어구사

### 1. DIALÓGUSÉPÍTÉS 대화 구성하기

**Rakja sorba az alábbi mondatokat, hogy értelmes párbeszédet kapjon! 의미 있는 대화가 가능하도록 다음 문장들의 순서를 배열하시오!**

1) ________ → ________ → ________ → ________

a. Harmincnyolcas.

b. Hányas méret kellene?

c. Sajnos elfogyott, csak harminchatos van.

d. Bocsánat, van ebből a ruhából egy számmal nagyobb?

2) ________ → ________ → ________ → ________ → ________ → ________

a. Az enyém nem.

b. Persze, máris mondom.

c. Én is. És a telefonom is lemerült.

d. Sajnos nem. Otthon felejtettem az órámat.

e. Akkor megnézné rajta, hogy mennyi az idő?

f. Elnézést, meg tudná mondani, hogy mennyi az idő?

3) ________ → ________ → ________ → ________ → ________

a. Hogyan? Mivel?

b. Makaóval.

c. Gratulálok! Ez nagyon szép teljesítmény! És mivel nyerte el?

d. Gorcsev Iván még huszonegy éves sem volt, amikor elnyerte a fizikai Nobel-díjat.

e. Gorcsev Iván a fizikai Nobel-díjat a makaó nevű kártyajátékon nyerte el Noah Bertinus professzortól.

4) __________ → __________ → __________ → __________

a. A négyes sorban lesznek.

b. Lesznek? Még nincsenek ott?

c. Bocsánat, merre találom a laptopokat?

d. De ott vannak. Ez csak egy kifejezés. Ön lesz ott, amikor odaér.

## 2. MONDATALKOTÁS 문장 만들기

**Kösse össze az összetartozó félmondatokat! 맞는 짝을 연결하여 문장을 완성하시오!**

| | |
|---|---|
| 1) Nem túl • | • A) túl szűk. |
| 2) Ez sajnos • | • B) szeretnék. |
| 3) Nagyobbat • | • C) a töltőm. |
| 4) Szerinted ez • | • D) rövid ez a szoknya? |
| 5) Elromlott • | • E) fizetni? |
| 6) Tudok kártyával • | • F) jól áll? |

## 3. KÉPLEÍRÁS 그림 설명하기

**두 번째 그림에 대해 예시문과 같이 설명하시오!**

예시문

Ezen a képen egy nőt látunk. A nő egy ruhaüzletben van. Ruhát vesz. A nő most sárga ruhában van. Egy bő, világos blúzt néz. Talán megveszi. Nem tudom.

Ezen a képen

______________________________________________.

A nő ____________ barna ______________________________ visel.

A kezében egy ______________ és egy __________________ van.

A képen világos van, _________________________________ van.

# E HALLÁS UTÁNI SZÖVEGÉRTÉS 듣기 연습

## E1 | HANGANYAG 듣기 텍스트 1

### 1. FELELETVÁLASZTÓS TESZT 맞는 답 고르기

**Válaszoljon a hallott szövegre vonatkozó kérdésekre!** 텍스트를 듣고 질문에 답하시오!

**1) Hogyan köszönt az eladó?**

Ⓐ *Jó napot kívánok!*-kal.
Ⓑ Nem köszönt.
Ⓒ *Sziá*val.
Ⓓ *Mit adhatok?*-kal.

**2) Mit keresett Bence?**

Ⓐ öltönyt
Ⓑ fülhallgatót
Ⓒ fejhallgatót
Ⓓ töltőt

**3) Hol van, amit Bence keres?**

Ⓐ a pénztár mellett
Ⓑ a laptopok mellett
Ⓒ a pénztár előtt
Ⓓ a laptopok mögött

**4) Akart még mást is Bence?**

Ⓐ Igen, egy töltőt.
Ⓑ Igen, egy laptopot.
Ⓒ Egy egeret.
Ⓓ Nem.

**5) Milyen boltban járhatott Bence?**

Ⓐ élelmiszerboltban
Ⓑ a piacon
Ⓒ ruhaboltban
Ⓓ elektronikai üzletben

## 2. KIEGÉSZÍTÉS 채워 넣기

**A hallott szöveg alapján illessze be a szavakat a mondatokba! 텍스트를 듣고 적합한 단어를 골라 문장에 채워 넣으시오!**

| keresi | megkérdezi | a fejhallgatókat | Mást nem |
|---|---|---|---|
| nem keresi | megkérdez | a töltőket | Mást is |

Bence 1)__________ az eladót. Az eladó 2)__________ mit segíthet. Bence 3)__________ keresi. 4)__________ akar.

## E2 | HANGANYAG 듣기 텍스트 2

## 1. FELELETVÁLASZTÓS TESZT 맞는 답 고르기

**Válaszoljon a hallott szövegre vonatkozó kérdésekre! 텍스트를 듣고 질문에 답하시오!**

**1) Milyen boltban van Zoli?**

Ⓐ könyvesboltban
Ⓑ informatikai üzletben
Ⓒ ruhaboltban
Ⓓ a büfében

**2) Kivel beszélhetett Zoli?**

Ⓐ az édesanyjával
Ⓑ a barátnőjével
Ⓒ egy másik vásárlóval
Ⓓ egy eladónővel

**3) Mit keres Zoli?**

Ⓐ csak nézelődik
Ⓑ egy fejhallgatót
Ⓒ egy új könyvet
Ⓓ egy hangoskönyvet

**4) Mi a könyv címe?**

Ⓐ Új könyv az informatikáról.
Ⓑ A felejtés.
Ⓒ A pénztár mellett.
Ⓓ Zoli nem emlékszik rá.

**5) Zoli megtalálta, amit keresett?**

Ⓐ Igen.
Ⓑ Sajnos nem.
Ⓒ Nem lehet tudni.
Ⓓ Hát persze.

## 2. KIEGÉSZÍTÉS 채워 넣기

**A hallott szöveg alapján illessze be a szavakat a mondatokba! 텍스트를 듣고 적합한 단어를 골라 문장에 채워 넣으시오!**

| | | | |
|---|---|---|---|
| egy könyvesboltban | lányt | nevét | a ruhatár |
| a húsboltban | könyvet | címét | a pénztár |

Zoli 1) __________ van. Egy 2) __________ keres. Sajnos nem tudja a 3) __________. Az informatikai könyvek 4) __________ mellett vannak.

MEMO

lecke

# 4

# NYÁRI UTAZÁS

## 여름 휴가 여행

학습목표

1. 부사와 부사격 어미 익히기
2. 동사 과거시제 불규칙 형태 익히기
3. 날씨와 여행에 관한 어휘 익히기

1. 여름 휴가지를 부사격을 사용하여 표현할 수 있나요?
2. 여행지에서의 과거 경험을 얘기할 수 있나요?
3. 계절과 날씨에 대한 묘사는 어떻게 하나요?

## A OLVASMÁNY PÁRBESZÉDDEL 대화가 있는 텍스트

### Hol voltál a nyáron?

Szumi a magyar barátnőjével a menzán beszélget a nyári szünetről:

SZUMI Te hol nyaraltál?

BORI Itthon voltam, Magyarországon nyaraltam.

SZUMI Kivel voltál? Mit csináltatok?

BORI Elmentem a barátaimmal Pécsre és Debrecenbe. Azután a Mátrában is pihentem egy hetet. Egy szép völgyben volt a szállásunk. Általában meleg volt, de reggel néha ködös és szeles volt az idő a hegyekben. A völgyben pedig gyakran fújt a szél. A nyáron a legtöbbször sütött a nap, de néha jött egy-egy nyári zápor és akkor zuhogott az eső. És te hol nyaraltál, Szumi?

SZUMI Én és a családom Spanyolországban voltunk, mielőtt Magyarországra jöttem.

BORI Hova utaztatok?

SZUMI Először repülővel Madridba, majd vonattal Dél-Spanyolországba. Először nagyon kellemetlen volt, mert a légitársaság elveszítette a poggyászunkat. Egy másik járatra tették fel őket, amikor Moszkvában átszálltunk, és csak egy hét múlva kaptuk meg őket, amikor már majdnem haza kellett indulnunk. Nagyon idegesek voltunk a reptéren, amikor nem találtuk őket.

BORI Ó, ez igazán kellemetlen!

SZUMI Szerencsére volt utazási biztosításunk és a biztosító később fizetett. Szerencsésen megoldódott, és most már csak egy vicces történet az egész.

BORI És hogy éreztétek magatokat Spanyolországban?

SZUMI Nagyon jó volt. Sokat kirándultunk; érdekes, hangulatos történelmi városokban jártunk.

BORI Milyen volt az idő? Nem volt túl meleg?

SZUMI De igen, mindig sütött a nap. Nyáron Spanyolországban gyakran van kánikula. Ilyenkor sok vizet kell inni és csak estefelé jó kimenni. Néha túl nagy volt a hőség. Magyarországon általában milyen az idő?

BORI Magyarországon négy évszak van: tavasz, nyár, ősz és tél. Tavasszal általában kellemes idő van. Gyakran süt a nap és fúj a szél. Sokszor esik az eső. Nyáron általában meleg van, mindig süt a nap. Júliusban és augusztusban nagyon meleg van. Ritkán esik az eső. Ősszel általában esik az eső, néha zuhog. Sokszor fúj a szél és hűvös van. Télen általában elég hideg van. Néha fagy és esik a hó.

SZUMI Remélem, hogy itt nyáron nincs olyan hőség, mint Spanyolországban, és télen sincs olyan hideg, mint Koreában!

## Szavak 단어

| | |
|---|---|
| völgy | biztosító |
| köd/ös | megoldódik |
| szél, szeles | hangulatos |
| időjárás | kánikula |
| körutazás | hőség |
| légitársaság | különálló |
| elveszít valamit | fagy |
| poggyász | ritkán |
| járat | zuhog |
| utazási biztosítás | hűvös |

# B NYELVTAN 문법

## I. 시간 부사어: 빈도 부사와 부사격 어미

### 1. 빈도 부사

| | | | |
|---|---|---|---|
| mindig | 항상 | gyakran | 자주 |
| általában | 보통 | néha | 때때로, 가끔 |
| ritkán | 거의 아니다 | soha | 결코, 한 번도 .. 아니다 - 술어부정 |
| Soha nem esett. | 한 번도 비가 오지 않았다 | | |

### 2. 시간 부사격

▶ 시격 -kor: 정확한 시각을 표현할 때

| | |
|---|---|
| Mikor? | 언제, 몇 시에? |
| Kilenc órakor. Kilenckor. | 아홉 시에. |

### 위 처격: V-n

| Milyen napon? | 어느 요일에? |
|---|---|
| szerdán | 수요일에 |
| a hétvégén | 주말에 |
| múlt nyáron | 작년 여름에 |
| a múlt héten | 지난주에 |
| jövő héten | 다음 주에 |
| a héten | 이 주에 |
| Hányadikán? | 며칠에? |

Július elsején kezdődik a nyári szünet.
7월 1일에 여름 방학이 시작된다.

Január hetedikén van a névnapom.
1월 7일은 내 이름 축일이다.

### 내 처격: -ban/-ben

| Melyik hónapban? | 어느 달에? |
|---|---|
| augusztusban | 8월에 |
| a múlt hónapban | 지난달에 |
| ebben a hónapban | 이번 달에 |
| a jövő hónapban | 다음 달에 |
| Melyik évben? | 어느 해에/몇 년도에? |
| Melyik napszakban? | 어느 시간대에? |
| Mindig hajnalban kelek. | 항상 새벽에 일어난다. |

### 자주쓰는 표현들

tavaly / (a) múlt évben 작년에

jövőre/ (a) jövő évben 내년에

Milyen évszakban? 어느 계절에?

nyáron 여름에/ télen 겨울에 : 위 처격 어미 -on/-en

tavasszal 봄에/ ősszel 가을에 : 공동격 어미 -val/-vel

Tavasszal mindig szerelmes leszek, de ősszel gyakran szomorú vagyok.
봄에는 언제나 사랑하게 되지만, 가을에는 자주 슬퍼진다.

## II. 불규칙 동사의 인칭변화 (복습)

- 현재시제

| | van | megy | jön | eszik | iszik | tesz | vesz |
|---|---|---|---|---|---|---|---|
| /én/ | vagyok | megyek | jövök | eszem | iszom | teszek | veszek |
| /te/ | vagy | mész | jössz | eszel | iszol | teszel | veszel |
| /ő/ | van | megy | jön | eszik | iszik | tesz | vesz |
| /mi/ | vagyunk | megyünk | jövünk | eszünk | iszunk | teszünk | veszünk |
| /ti/ | vagytok | mentek | jöttök | esztek | isztok | tesztek | vesztek |
| /ők/ | vannak | mennek | jönnek | esznek | isznak | tesznek | vesznek |

• 과거시제

| | volt | ment | jött | evett | ivott | tett | vett |
|---|---|---|---|---|---|---|---|
| /én/ | voltam | mentem | jöttem | ettem | ittam | tettem | vettem |
| /te/ | voltál | mentél | jöttél | ettél | ittál | tettél | vettél |
| /ő/ | volt | ment | jött | evett | ivott | tett | vett |
| /mi/ | voltunk | mentünk | jöttünk | ettünk | ittunk | tettünk | vettünk |
| /ti/ | voltatok | mentetek | jöttetek | ettetek | ittatok | tettetek | vettetek |
| /ők/ | voltak | mentek | jöttek | ettek | ittak | tettek | vettek |

| | |
|---|---|
| Mit csináltál a tegnap? | 너 어제 뭐 했니? |
| Teniszeztem, bicikliztem. | 나는 테니스 치고 자전거 탔어. |
| A tengerparton napoztam és szörföztem. | 나는 해변에서 일광욕하고 서핑했어. |
| Spanyolországban mindig sütött a nap. | 스페인에는 언제나 해가 비쳤다. |

### 날씨 표현:

| | |
|---|---|
| Milyen idő volt tegnap reggel? | 어제 아침에 날씨가 어땠지? |
| Ködös volt. Szeles. Napos. | 안개가 끼고, 바람불고, 해가 났다. |
| Fújt a szél. | 바람이 불었다. |
| Hullott a hó. | 눈이 내렸다. |
| Fagyott. | 서리가 내렸다. |
| Esett az eső. | 비가 왔어. |
| Sütött a nap. | 해가 비쳤다. |
| Zuhogott az eső. | 비가 쏟아졌다. |

# C GYAKORLATOK 연습문제

## C1 SZÓKINCSGYAKORLATOK 어휘 연습

### 1. KIEGÉSZÍTÉS 채워 넣기

**Írja be a hiányzó betűket! 빈칸에 알맞은 글자를 넣어 단어를 만드시오!**

1) v_____r
2) m_____l_____g
3) sz_____l_____s
4) v_____lgy
5) k_____d_____s
6) k_____r_____t_____z_____s
7) já_____at
8) re_____tér
9) szeren_____ésen
10) ki_____ándul
11) káni_____ula
12) hő_____ég

### 2. SZINONIMÁK 유의어

**Milyen hasonló szavakat talál a szövegben? Milyen más hasonló szavakat ismer? Adja meg a szó szinonimáját! 87쪽 'A 대화가 있는 텍스트'에서 다음 단어의 유의어를 찾아 적으시오!**

1) humoros ≈ ____________________
2) kedves ≈ ____________________
3) régi ≈ ____________________
4) nagyon meleg ≈ ____________________
5) nagyon esik ≈ ____________________
6) másik géppel utazik tovább ≈ ____________________
7) például bőrönd, táska, amivel utazunk ≈ ____________________
8) vakáció ≈ ____________________

## 3. ELLENTÉTEK 반의어

**Mi az ellentéte a következő szavaknak, kifejezéseknek? A szavakat megtalálja a lecke szövegében.** 87쪽 'A 대화가 있는 텍스트'에서 다음 단어의 반의어를 찾아 적으시오.

1) nagyon hideg ⟷ ______________

2) hegy ⟷ ______________

3) nyugodt ⟷ ______________

4) tél ⟷ ______________

5) tavasz ⟷ ______________

## 4. SZÓALKOTÁS 단어 만들기

**A következő szavakban a betűk összekeveredtek. Melyek az időjárással kapcsolatos szavak?** 글자를 배열하여 단어를 만드시오! 날씨 관련 단어는 어느 것입니까?

» *Példa: sőe ⟷ eső*

1) űsvöh ⟶ ______________

2) emelg ⟶ ______________

3) ösköd ⟶ ______________

4) ődi ⟶ ______________

5) élsz ⟶ ______________

6) ihged ⟶ ______________

7) sanop ⟶ ______________

8) ikes → ____________________

9) elleksem → ____________________

## 5. TÁBLÁZAT 도표

**Töltse ki a táblázatot! 도표를 채우시오!**

| | | | |
|---|---|---|---|
| nyaral | kellemes | meglátogat | kirándul |
| zuhog | hőség | ködös | vicces |
| szeles | repülő | szép | ideges |
| poggyász | szállás | pihen | süt |
| kellemetlen | | | |

| utazás | időjárás | melléknevek |
|---|---|---|
| | | |
| | | |
| | | |
| | | |
| | | |
| | | |
| | | |

## C2 | SZÖVEGÉRTÉSI FELADATOK 본문 독해 문제

### 1. IGAZ/HAMIS 사실/거짓

**Olvassa el *a Hol voltál a nyáron*? című szöveget! Igaz vagy hamis? Ha hamis, írja le a helyes mondatot! 87쪽 'A 대화가 있는 텍스트'를 읽고 내용의 진위 igaz/hamis (I/H)를 표시하고, 거짓인 경우에는 사실을 적으시오!**

1) Bori a barátaival Miskolcra utazott. (igaz / hamis)

______________________________

2) A szállásuk a természetben volt. (igaz / hamis)

______________________________

3) Az utazás alatt mindig sütött a nap. (igaz / hamis)

______________________________

4) Szumi egy körutazáson vett részt Magyarországon. (igaz / hamis)

______________________________

5) A család poggyásza elveszett. (igaz / hamis)

______________________________

6) Spanyolországban sok érdekes városban jártak. (igaz / hamis)

______________________________

## 2. FELELETVÁLASZTÓS TESZT 맞는 답 고르기

**1) Miről beszélgetnek a lányok?**

Ⓐ az időjárásról
Ⓑ a nyári szünetről
Ⓒ Debrecenről
Ⓓ egy kirándulásról

**2) Hol nyaralt Bori?**

Ⓐ Spanyolországban
Ⓑ Debrecenben
Ⓒ a Mátrában
Ⓓ a reptéren

**3) Egy körutazáson mit lehet csinálni?**

Ⓐ Elveszíteni a poggyászt.
Ⓑ Meglátogatni sok érdekes helyet.
Ⓒ Pihenni egy szép völgyben.
Ⓓ Nyaralni a tengerparton.

**4) Mikor kapták meg a csomagjaikat?**

Ⓐ A reptéren, a leszállás után.
Ⓑ A miskolci nyaralás alatt.
Ⓒ Az átszállás közben.
Ⓓ A hazatérés előtt.

**5) Hol nem járt Bori a nyáron?**

Ⓐ Külföldön.
Ⓑ Debrecenben.
Ⓒ A Mátrában.
Ⓓ Pécsen.

## 3. KIEGÉSZÍTÉS 채워 넣기

**Illessze a megadott szavakat a kipontozott helyekre! Használja a megfelelő igealakokat!** 주어진 단어들을 빈칸에 채워 넣으시오! 동사는 적합한 형태로 변형하여 적으시오!

| zuhog | meglátogattuk | menzán |
|---|---|---|
| pihentünk | körutazáson | |

Az új barátnőmmel a _______________ beszélgettünk a nyári szünetről.

A nyáron a barátaimmal _______________ Debrecent és a közeli Hortobágyot.

Ha zápor van, akkor _______________ az eső.

Szabó úr és a felesége egy szervezett _______________ vettek részt Franciaországban.

Én és a családom a Mátrában üdültünk, _______________ a hétvégén.

## C3 | NYELVTANI FELADATOK 문법 문제

## 1. KIEGÉSZÍTÉS 채워 넣기

**Írja be az alábbi igéket a megfelelő alakban [!] az alábbi szövegbe!** 주어진 동사를 적합한 형태로 변형하여 채워 넣으시오!

1) Mit (csinál/te)_______________ a tavaly nyáron, hova (utazik/te)_______________?

2) Az idén nyáron itthon voltunk, Magyarországon (nyaral/mi)_______________.

3) A hegyekben gyakran (fúj)_______________ a szél.

4) A nyáron a legtöbbször (süt)_______________ a nap, de néha (jön)_______________ egy-egy nyári zápor és akkor (zuhog)_______________ az eső.

## 2. KÉRDÉSEK 의문문

**Alkosson múlt idejű mondatokat a következő kérdőszavakkal. Ügyeljen a fókuszra! 다음 의문사를 사용하여 의문문을 만드시오! 초점에 유의하시오!**

| Kivel? | Milyen? | Mikor? |
|---|---|---|
| Milyen gyakran? | Mennyi? | |

» Pl: _Kivel_ szoktál utazni nyáron?

1) – ____________________ jársz könyvtárba?

– Hetente kétszer.

2) – ____________________ kezdődik az óra?

– 9:30-kor

3) – ____________________ volt az idő?

– Szép. Sütött a nap.

4) – ____________________ az idő?

– Fél hat lesz.

## 3. MONDATALKOTÁS 문장 만들기

**Kösse össze az összetartozó félmondatokat! 맞는 짝을 연결하여 문장을 완성하시오!**

| | |
|---|---|
| 1) Ezen a télen • | • A) a Balatonhoz megyünk. |
| 2) Nyáron • | • B) sok hó esett. |
| 3) Szakad az eső • | • C) lesz ma? |
| 4) Milyen idő • | • D) kánikula van. |
| 5) Szerinted kell • | • E) és nincs nálam ernyő. |
| 6) Igazi • | • F) esernyő? |

# D AKTÍV NYELVHASZNÁLAT 능동적 언어구사

## 1. DIALÓGUSÉPÍTÉS 대화 구성하기

**Rakja sorba az alábbi mondatokat, hogy értelmes párbeszédet kapjon! 의미 있는 대화가 가능하도록 다음 문장들의 순서를 배열하시오!**

1) ______ → ______ → ______ → ______ → ______

a. Akkor hol szoktál vásárolni?

b. Mindennap főzök, de nem szeretek piacra járni.

c. Hol van itt a közelben bolt?

d. Főleg a szupermarketben.

e. Rögtön itt a sarkon van egy kisbolt.

2) ______ → ______ → ______ → ______ → ______ → ______ → ______

a. Tojás van?

b. Oké. Az jó lesz.

c. Hát, alig van valami.

d. Mit eszünk ma este?

e. Az van, és tej is van, de semmi más.

f. Attól függ, hogy mi van a hűtőben.

g. Tudod mit? Megyek és veszek paprikát, paradicsomot, hagymát, kolbászt és csinálok lecsót.

3) ____→____→____→____→____→____→____→____→____→____→____

a. Alma, narancs, banán és körte.

b. Köszönöm. Viszlát!

c. Viszontlátásra!

d. Jó napot! Mit adhatok?

e. Egy kiló zöldpaprikát és fél kiló paradicsomot kérek.

f. Jó napot kívánok!

g. 2800 forint.

h. Még valamit?

i. Tessék!

j. Egy kiló körtét is kérek.

k. Két hagymát. Milyen gyümölcs van?

## 2. MONDATALKOTÁS 문장 만들기

**Kösse össze az összetartozó félmondatokat! 맞는 짝을 연결하여 문장을 완성하시오!**

| | |
|---|---|
| 1) Ma nincs kedvem • | • A) munkahelyemre. |
| 2) Nincs itthon • | • B) tanulni. |
| 3) Gyalog járok be a • | • C) vásárolni. |
| 4) Anna elvisz • | • D) tej. |
| 5) Nem vagytok • | • E) fáradtak? |
| 6) Sok barátom • | • F) járt idén külföldön. |

## 3. KÉPLEÍRÁS 그림 설명하기

**다음 두 번째 그림에 대해 예시문과 같이 설명하시오!**

예시문

Az első képen egy nőt látunk. Tél van. Esik a hó. A nő kék télikabátot visel. A haja világosbarna, a szeme kék. A nő boldog. Játszik a hóban. A barátjával vagy a barátaival van. Valószínűleg hideg van, de nem túl hideg.

A második képen ______________________________

______________________________

______________________________

______________________________

______________________________

______________________________

# E HALLÁS UTÁNI SZÖVEGÉRTÉS 듣기 연습

## E1 | HANGANYAG 듣기 텍스트 1

### 1. FELELETVÁLASZTÓS TESZT 맞는 답 고르기

**Válaszoljon a hallott szövegre vonatkozó kérdésekre! 텍스트를 듣고 질문에 답하시오!**

1) Mi a foglalkozása?

Ⓐ negyvenéves
Ⓑ turista
Ⓒ koreai diák
Ⓓ idegenvezető

2) Mi a nagyobbik fiú neve?

Ⓐ pince
Ⓑ Vince
Ⓒ Bence
Ⓓ Viktor

3) Mit csinál a nagyobbik fiú?

Ⓐ egyetemista
Ⓑ angoltanár
Ⓒ óvodás
Ⓓ turista

4) Mit csinál együtt a család a természetben?

Ⓐ gazdálkodnak
Ⓑ tanulnak
Ⓒ kirándulnak
Ⓓ szeretik

5) Hány éves Milán?

Ⓐ 46
Ⓑ 40
Ⓒ 5
Ⓓ 23

## 2. KIEGÉSZÍTÉS 채워 넣기

**A hallott szöveg alapján illessze be a szavakat a mondatokba!** 텍스트를 듣고 적합한 단어를 골라 문장에 채워 넣으시오!

| angoltanár | egyetemen | idegenvezető | jár | kirándulnak |
|---|---|---|---|---|

Lugosi Bella negyvenéves, ____________________. A nagyobbik fia, Bence informatikát tanul az ____________________. A kisebbik fia, Milán ötéves, óvodába ____________________. A férje, Kovács Gábor, ____________________. Szeretik a természetet, sokat ____________________.

## E2 HANGANYAG 듣기 텍스트 2

### 1. FELELETVÁLASZTÓS TESZT 맞는 답 고르기

**Válaszoljon a hallott szövegre vonatkozó kérdésekre! 텍스트를 듣고 질문에 답하시오!**

**1) Miről beszélgetnek?**

Ⓐ A férfinak születésnapja lesz.
Ⓑ A lány 15 éves lesz.
Ⓒ A férfinak névnapja lesz.
Ⓓ A nő barátai látogatóba jönnek a jövő héten.

**2) Mit csinálnak a jövő héten?**

Ⓐ meghívják a barátaikat
Ⓑ névnapot ünnepelnek
Ⓒ szülinapi buli lesz
Ⓓ a nem találkoznak

**3) Hol hangozhat el a második párbeszéd?**

Ⓐ az utcán
Ⓑ a moziban
Ⓒ a hentesnél
Ⓓ egy pékségben

**4) Mit nem vásárol a nő?**

Ⓐ kakaós kiflit
Ⓑ kenyeret
Ⓒ mákos rétest
Ⓓ tepertős pogácsát

**5) Mennyibe kerül a kakaós kifli?**

Ⓐ 300 forint
Ⓑ 200 forint
Ⓒ nincs információ
Ⓓ még langyos

lecke

# 5

# ÜDVÖZLET A BALATONRÓL

## 벌러톤에서 보내는 인사

학습목표

1. 동사의 과거시제 목적어적 변화 익히기
2. 동사의 지배격 논항 익히기
3. 안부 인사 편지 쓰기

1. 동사의 목적어적 용법을 이해하고 문장을 만들 수 있나요?
2. 헝가리 사람들은 편지를 어떻게 쓰나요?
3. 어떤 교통수단을 이용하여 여행했나요?

## A OLVASMÁNY PÁRBESZÉDDEL 대화가 있는 텍스트

### Egy képeslap

Szumi képeslapot küld a magyartanárnőjének haza, Koreába.

Kedves Tanárnő!

Üdvözletemet küldöm innen, a napfényes Balatonról!

Pár napja érkeztem ide az új magyar barátaimmal. Vonattal utaztunk Budapestről. Csütörtökön úsztunk a Balatonban, és a barátnőim napoztak is, de én nem napoztam. Nagyon meleg volt! Nagyszerű volt a strandon. Megkóstoltam a lángost, és vízibicikliztünk is. Este pedig elmentünk a diszkóba. Pénteken bicikliket béreltünk és kerékpároztunk a tó körül. Sok érdekes helyre eljutottunk. Délben, amikor kicsit elfáradtunk, egy hangulatos kis étteremben hagyományos magyar ételeket ebédeltünk. Utána egy kis tóparti kávézóban kávéztunk és fagyiztunk. Este egy kis faluban álltunk meg, és ott vacsoráztunk, utána pedig elmentünk borkóstolásra egy badacsonyi pincébe is. Megkóstoltunk sok finom Balaton-felvidéki bort. Az éjszakát egy új helyen, egy fogadóban töltöttük. Eddig nagyon kellemes biciklikirándulás volt.

Tegnap úgy döntöttünk, hogy elmegyünk egy hajókirándulásra is, és meglátogatjuk Tihanyt.

Szerencsére még van néhány nap az egyetemi tanfolyam kezdetéig!

Üdvözlettel: Szumi

*

A következő hétfőn Szumi találkozik Borival a kollégiumban:

- Szia Szumi! Milyen volt a Balatonnál?
- Nagyon jó volt. Sajnos csak négy napot töltöttünk ott. Kár, hogy te nem tudtál velünk jönni.
- Hát igen, sajnos dolgoznom kellett. Mit csináltatok?
- Nagyon aktívak voltunk. Sokat úsztunk, sportoltunk, kerékpárt béreltünk, és sok érdekes helyre is eljutottunk biciklivel, de sajnos történt egy kis baleset is.
- Mi történt? Remélem, semmi komoly.

- Az történt, hogy az úton két falu között kilyukadt a bicikli kereke. Szerencsére arra jött valaki kocsival, és elvitt minket a legközelebbi faluba. A sofőr egy híres magyar borász volt. Megkérte az egyik emberét, hogy javítsa meg a kerékpáromat. Közben a borász körbevezetett, és bemutatta nekünk, hogy milyen egy modern balatoni borászat. Nagyon érdekes volt. Nem is tudtam, hogy Magyarországon a bor készítésének ilyen nagy hagyománya van.
- Igen, a balatoni borok elég híresek.

## Szavak 단어

| | |
|---|---|
| üdvözlet | időt tölt valahol |
| képeslap | eljut valahová valamivel |
| napfény | kilyukad |
| vízibicikli | kerék |
| lángos | borász |
| dönt | borászat |
| hajókirándulás | körbevezet |
| ölel | hagyomány |

# B NYELVTAN 문법

## I. 동사의 과거시제

### 1. 자음+자음으로 끝나는 동사 tölt, dönt의 과거시제 표지는 모든 인칭에서 -tt

*Négy napot töltöttünk a Balatonnál.*
우리는 벌러톤에서 나흘을 지냈다.

*Úgy döntöttünk, hogy elmegyünk egy hajókirándulásra is.*
우리는 뱃놀이하러 가기로 결정했다.

*Hol töltötted a hétvégét?*
너 주말을 어디서 보냈어?

*Mivel töltötted a hétvégét?*
주말을 뭐하고 지냈어?

▶ 주어적 변화

*Négy napot töltöttünk a Balatonnál.*
우리는 벌러톤에서 나흘을 지냈다.

| | |
|---|---|
| négy napot | töltöttem |
| | töltöttél |
| | töltött |
| | töltöttünk |
| | töltöttetek |
| | töltöttek |

### 목적어적 변화

*Kellemesen töltötted a hétvégét?* 주말 즐겁게 보냈니?

| | |
|---|---|
| töltöttem | |
| töltötted | |
| töltötte | a hétvégét |
| töltöttük | |
| töltöttétek | |
| töltötték | |

## II. 공동격 어미 -val, -vel

Vonattal utaztunk Budapestről. 우리는 부다페스트에서 기차로 갔다.

Kerékpárral kirándultunk. 우리는 자전거로 놀러갔다.

Hajóval mentünk Tihanyba. 우리는 배를 타고 티허니로 갔다.

| | |
|---|---|
| autó | autóval |
| metró | metróval |
| bicikli | biciklivel |
| repülő | repülővel |
| hajó | hajóval |
| busz | busszal |
| vonat | vonattal |
| kerékpár | kerékpárral |

# C GYAKORLATOK 연습문제

## C1 SZÓKINCSGYAKORLATOK 어휘 연습

### 1. KIEGÉSZÍTÉS 채워 넣기

**Írja be a hiányzó betűket! 빈칸에 알맞은 글자를 넣어 단어를 만드시오!**

1) kirán_____ul

2) kerék_____ár

3) tú_____a

4) képes_____ap

5) vo_____at

6) bo_____rász

7) ke_____ék

8) d_____nt

### 2. SZINONIMÁK 유의어

**Milyen hasonló szavakat talál a szövegben? Milyen más hasonló szavakat ismer? Adja meg a szó szinonimáját! 107쪽 'A 대화가 있는 텍스트'에서 다음 단어의 유의어를 찾아 적으시오!**

1) kerékpártúra ≈ ____________________

2) szállás ≈ ____________________

3) hotel ≈ ____________________

4) kellemes ≈ ____________________

5) borász ≈ ____________________

6) megszáll valahol ≈ ____________________

## 3. ELLENTÉTEK 반의어

**Mi az ellentéte a következő szavaknak, kifejezéseknek? A szavakat megtalálja a lecke szövegében.** **107쪽 'A 대화가 있는 텍스트'에서 다음 단어의 반의어를 찾아 적으시오!**

1) sötét ⟷ ____________________

2) borzasztó ⟷ ____________________

3) friss ⟷ ____________________

4) van ideje ⟷ ____________________

5) újszerű ⟷ ____________________

## C2 | SZÖVEGÉRTÉSI FELADATOK 본문 독해 문제

### 1. IGAZ/HAMIS 사실/거짓

**Olvassa el a szöveget! Igaz vagy hamis? Ha hamis, írja le a helyes mondatot! 107쪽 'A 대화가 있는 텍스트'를 읽고 내용의 진위 igaz/hamis (I/H)를 표시하고, 거짓인 경우에는 사실을 적으시오!**

1) Szumi Debrecenbe utazott. ( I / H )

2) Szumi egy emailt írt. ( I / H )

3) A barátok nem szeretnek sportolni. ( I / H )

4) Szumi szívesen napozik. ( I / H )

5) A Balatonnál esett az eső. ( I / H )

6) A borász nem szereti a bort. ( I / H )

## 2. FELELETVÁLASZTÓS TESZT 맞는 답 고르기

**1) Kikkel ment Szumi a Balatonhoz?**

Ⓐ Borival.
Ⓑ A családjával.
Ⓒ A koreai barátnőjével.
Ⓓ Magyar barátaival.

**2) Mit nem csináltak a lányok a Balatonnál?**

Ⓐ Úsztak.
Ⓑ Sokat aludtak.
Ⓒ Kerékpároztak.
Ⓓ Bort kóstoltak.

**3) Hogyan utaztak Tihanyba?**

Ⓐ Kerékpárral.
Ⓑ Vonattal.
Ⓒ Hajóval.
Ⓓ Taxival.

**4) Hány napot töltöttek a Balatonnál?**

Ⓐ Egy hétvégét.
Ⓑ Négy napot.
Ⓒ Egy hetet.
Ⓓ Egy hónapot.

**5) Milyen kellemetlenség történt a kiránduláson?**

Ⓐ Egy kisebb autóbaleset.
Ⓑ Eltévedtek.
Ⓒ Elfáradtak.
Ⓓ Kilyukadt a kerék.

**6) Mi nem aktív pihenés?**

Ⓐ Kerékpározás.
Ⓑ Napozás a strandon.
Ⓒ Úszás.
Ⓓ Túrázás.

## 3. KIEGÉSZÍTÉS 채워 넣기

**Illessze be a megadott szavakat a kipontozott helyekre! 적합한 단어를 골라 빈칸을 채워 넣으시오!**

| | | |
|---|---|---|
| Ⓐ kerékpártúrán | Ⓒ ellátogatott | Ⓔ megírta |
| Ⓑ dönt | Ⓓ segített | Ⓕ nyertek |

1) Szumi egy ______________ vett részt.

2) ______________ egy pincészetbe is.

3) ______________ az élményeit egy képeslapon.

4) A baráti társaság úgy ______________, hogy ellátogatnak Tihanyba.

5) Szuminak ______________ egy helyi borász.

6) A balatoni borok sok díjat ______________.

## C3 NYELVTANI FELADATOK 문법 문제

### 1. TÁBLÁZAT 도표

**Töltse ki a táblázatot! 도표를 채우시오!**

**Mi a következő igék múlt idejű általános (alanyi) ragozású alakja? 다음 동사의 과거시제 주어적 변화형은 무엇입니까?**

| szótári alak | én | te | ő | mi | ti | ők |
|---|---|---|---|---|---|---|
| jön | | | | | | |
| megy | | | | | | |
| dönt | | | | | | |
| köszönt | | | | | | |
| költ | | | | | | |
| találkozik | | | | | | |
| sportol | | | | | | |
| csinál | | | | | | |
| van | | | | | | |

**Mi a következő igék múlt idejű határozott tárgyas ragozású alakja? 다음 동사의 목적어적 변화형은 무엇입니까?**

| szótári alak | én | te | ő | mi | ti | ők |
|---|---|---|---|---|---|---|
| megkér | | | | | | |
| költ | | | | | | |
| üdvözöl | | | | | | |
| bemutat | | | | | | |
| elfelejt | | | | | | |
| meglátogat | | | | | | |
| megkóstol | | | | | | |
| köszönt | | | | | | |

## 2. VÁLASZTÁS 맞는 답 고르기

**Válassza ki a helyes igealakokat! 올바른 동사 변화형을 고르시오!**

Szumi egy képeslapot ( *küldött* / küldte ) Szöulba a Balatonról!
Üdvözletét ( küldött / *küldte* ) a tanárnőjének.

1) ( Meglátogatta / Meglátogatott ) egy pincészetet.

2) Szumi ( elmesélt / elmesélte ) Borinak a balatoni kirándulást.

3) ( Segített / Segítette ) neki a túrán.

4) ( Megkóstolta / Megkóstolt ) a lángost.

5) A lányok ( meglátogatták / meglátogattak ) a Tihanyi Apátságot.

6) A borász ( bemutatta / bemutatott ) a pincészetet.

7) A barátaim úgy ( döntöttek / döntötték ), hogy béreljünk kerékpárokat.

8) Elmentünk a fesztiválra, ahol sok ember ( szórakozott / szórakozták ) a vízparton.

## 3. KIEGÉSZÍTÉS 채워 넣기

**Helyettesítse be a helyes múlt idejű igealakokat! 동사의 과거 인칭 변화형을 채워 넣으시오!**

*Segített* (Segít / ő) a lányoknak.

Szállást *foglaltak* (foglal / ők) a Balaton mellett.

1) Néhány napja ________________(érkezik / mi) a Balatonhoz.

2) A barátaimmal gyakran ________________(utazik / én) Tihanyba.

3) Vonattal ________________(utazik / ők) Budapestről.

4) Nem ________________(napozik / ő), mert nem akar lebarnulni.

5) Nagyszerű kirándulás ________________(van / az).

6) A fesztiválon sok ember ________________ (táncol / ők) a strandon.

7) ________________(Megkóstol / én) a lángost, és ________________(vízibiciklizik / mi).

8) Este pedig ________________(elmegy / mi) a diszkóba.

9) Pénteken bicikliket ________________ (bérel / ők) és ________________(kerékpározik / ők) a tó körül.

10) Sok érdekes helyre ________________(eljut / mi).

# D AKTÍV NYELVHASZNÁLAT 능동적 언어구사

## 1. DIALÓGUSÉPÍTÉS 대화 구성하기

**Rakja sorba az alábbi mondatokat, hogy értelmes párbeszédet kapjon! 문맥에 맞게 문장의 순서를 배열하시오!**

1) ________ → ________ → ________ → ________ → ________ → ________

a. Egy wellness-szállodába!

b. Igen, de én most inkább csak pihenni szeretnék.

c. De igen, jó ötlet.

d. Nem megyünk el valahová a hétvégén?

e. Hová szeretnél menni?

f. Tudod, hogy én inkább aktívan szeretek kikapcsolódni.

2) ________ → ________ → ________ → ________ → ________ → ________

a. Miért, mi történt?

b. Milyen volt a hajókirándulás?

c. Vártunk. Több mint három órába telt, mire sikerült megjavítani.

d. Képzeld, elromlott a hajó motorja.

e. És mit csináltatok?

f. Hát nem túl jó…

3) ________ → ________ → ________ → ________ → ________ → ________

a. Merre jártatok?

b. Nem volt fárasztó?

c. A folyóparton végig, a szomszéd városig.

d. Hogy telt a hétvégéd?

e. Biciklitúrán voltam a barátaimmal.

f. De, egy kicsit; de szeretek kerékpározni.

## 2. MONDATALKOTÁS 문장 만들기

**Kösse össze az összetartozó félmondatokat! 맞는 짝을 연결하여 문장을 완성하시오!**

| | |
|---|---|
| 1) Jó napot! Mit • | • A) vissza. |
| 2) Egy pohár • | • B) pizzát kérek. |
| 3) Az étlapot, • | • C) a számlát. |
| 4) Én egy sajtos • | • D) hozhatok? |
| 5) Kérem • | • E) legyen szíves! |
| 6) Nem kérek • | • F) fehér bort, legyen szíves! |

## 3. KÉPLEÍRÁS 그림 설명하기

**다음 두 번째 그림에 대해 예시문과 같이 설명하시오!**

예시문

Az első képen két embert látunk. Egy férfi és egy nő sétálnak az erdőben. Süt a nap. Szép idő van. Valószínűleg nyár van, mert félhosszú nadrágban vannak. A nőnél van egy kis táska, de nincs náluk hátizsák. Talán autóval jöttek, sétálnak egyet, és kocsival mennek haza.

A második képen ______________________

______________________

______________________

______________________

______________________

______________________

# E HALLÁS UTÁNI SZÖVEGÉRTÉS 듣기 연습

## E1 | HANGANYAG 듣기 텍스트 1

### 1. FELELETVÁLASZTÓS TESZT 맞는 답 고르기

**Válaszoljon a hallott szövegre vonatkozó kérdésekre! 텍스트를 듣고 질문에 답하시오!**

**1) Mivel nem tudunk a Balatonhoz jutni?**

Ⓐ Autóval.
Ⓑ Hajóval.
Ⓒ Repülővel.
Ⓓ Vonattal.

**2) Mennyire népszerű a Balaton a külföldieknek?**

Ⓐ Ez a legnépszerűbb.
Ⓑ Ez a második legnépszerűbb.
Ⓒ Ez a harmadik legnépszerűbb.
Ⓓ Nem jönnek ide külföldiek.

**3) Hol a legolcsóbbak a szállások?**

Ⓐ A szállodákban.
Ⓑ A motelekben.
Ⓒ Budapesten.
Ⓓ A falusi vendégházakban.

**4) Miért érdemes a Balatonhoz utazni?**

Ⓐ Olcsók a szállások.
Ⓑ Olcsók a borok.
Ⓒ Sok pincészet van ott.
Ⓓ Sokféle programlehetőség van.

**5) Minek nevezik a magyarok a Balatont?**

Ⓐ A magyar embernek.
Ⓑ A világ közepének.
Ⓒ A magyar tengernek.
Ⓓ A magyar pusztának.

## 2. KIEGÉSZÍTÉS 채워 넣기

**A hallott szöveg alapján illessze be a szavakat a mondatokba! 텍스트를 듣고 적합한 단어를 골라 문장에 채워 넣으시오!**

| szálláshely | jutni | szőlészet | bor |
|---|---|---|---|
| üdülési | élmények | kerékpárok | tenger |

A magyarok a Balatont „magyar 1)____________________”-nek hívják. A Balatonhoz el lehet 2)__________________ autóval, vonattal, de még repülővel is. Sok vendéglőben és fogadóban is találhatunk 3)_________________et. Néhány pincészet, borászat, illetve 4)_________________ is biztosíthat szálláshelyet. A Balaton környékén számos 5)________________, nyaralási program és úti cél közül választhatunk. Nagyon kellemes 6)__________________kel távoztunk a balatoni üdülésből.

## E2 HANGANYAG 듣기 텍스트 2

### 1. FELELETVÁLASZTÓS TESZT 맞는 답 고르기

**Válaszoljon a hallott szövegre vonatkozó kérdésekre! 텍스트를 듣고 질문에 답하시오!**

**1) Miről szól a szöveg?**

Ⓐ A biciklizésről.
Ⓑ Egy hajókirándulásról.
Ⓒ Az aktív kikapcsolódásról.
Ⓓ A Balatonról.

**2) Milyen aktív kikapcsolódást lehet végezni a Balaton környékén?**

Ⓐ Napozás.
Ⓑ Fekvés.
Ⓒ Alvás.
Ⓓ Biciklizés.

**3) Mit kell használni nyári biciklizéskor?**

Ⓐ A hajójegyet.
Ⓑ Strandlabdát.
Ⓒ Napernyőt.
Ⓓ Naptejet, sapkát, kalapot.

**4) Mit jó még vinni magunkkal eső ellen?**

Ⓐ Esőkabátot.
Ⓑ Uzsonnát.
Ⓒ Folyadékot.
Ⓓ Mobiltelefont.

## 2. KIEGÉSZÍTÉS 채워 넣기

**A hallott szöveg alapján illessze be a szavakat a mondatokba!** 텍스트를 듣고 적합한 단어를 골라 문장에 채워 넣으시오!

| télen | tej | kalapot | téli |
|---|---|---|---|
| nyáron | naptej | kabátot | déli |

Ha 1)________________ sokat vagyunk kint a napon, jó, ha van nálunk 2)________________.

Az erős napsütés miatt sapkát vagy 3)________________ kell viselni. Sok vizet kell inni. A

4)________________ órákban jobb, ha bent maradunk az épületben.

MEMO

lecke

# 6

# ORVOSNÁL

## 병원에서

**학습목표**

1. 동사의 과거시제 문법변화형 복습하기
2. 헝가리어의 여러가지 부사격 어미 익히기
3. 부정 의미 형용사 파생접사 -tlen/-tlan 익히기

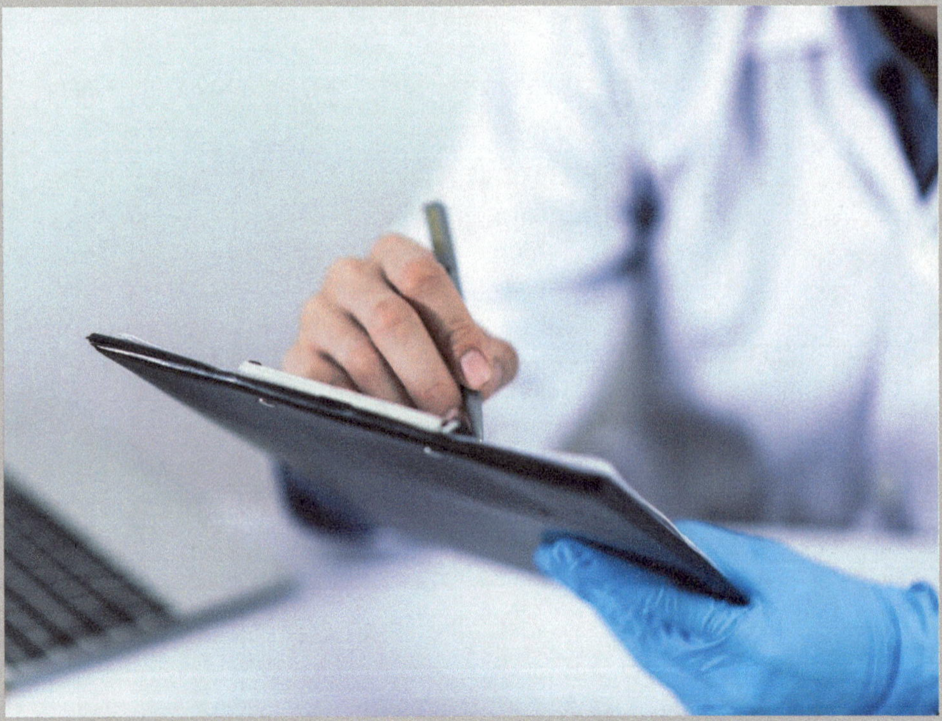

1. 부정 의미 형용사는 어떻게 만들어지나요?
2. 여격어미 -nek/-nak 을 지배하는 동사들은 무엇일까요?
3. 자기의 이력을 소개할 수 있나요?

## A OLVASMÁNY PÁRBESZÉDDEL 대화가 있는 텍스트

Szumi nem érzi jól magát, ezért elmegy az orvoshoz.

- Doktornő, beteg vagyok: nagyon fáj a torkom és a fejem. Nincs lázam, de hőemelkedésem igen: 37,9 °C fok.
- Értem – mondja a doktornő. – Megnézem a torkát… Hm… Piros. A háta nem fáj?
- Az nem.
- Meghallgatom. Jó. Ez rendben van. A gyomra nem fáj?
- De igen – feleli Szumi.
- Értem. Influenzája van. Semmi komoly. Sok folyadék, pihenés, ágynyugalom. Ha nem javul, akkor vissza kell jönnie.
- Kapok gyógyszert?
- Most nem, csak ha rosszabbul lesz. Nagyon szépen beszél magyarul. Hová való?
- Koreai vagyok. Ebben a félévben ösztöndíjjal tanulok az egyetemen.
- Csak most érkezett? Vagy járt már korábban is Magyarországon? – kérdi az asszisztensnő.
- Gyerekkoromban. Az édesapám egy nagy koreai multinacionális cégnél dolgozott menedzserként. Amikor kicsi voltam, a cég magyarországi leányvállalatánál kapott munkát, és vele jöhetett az egész család: az édesanyám és a bátyám is. A bátyám még magyar iskolába is járt, de én akkor még csak óvodás voltam Magyarországon.
- És aztán? – kérdi az asszisztensnő.
- Szöulban jártam általános iskolába és középiskolába. Mindig szívesen tanultam idegen nyelveket. Amikor befejeztem a középiskolát és leérettségiztem, jelentkeztem a Hankuk Egyetemre magyar szakra, mert a gyerekkoromból egy kicsit még emlékeztem a nyelvre.
- Szeptemberben érkezett?
- Nem, a nyáron. A nyáron a Debreceni Nyári Egyetemen tanultam. Nagyon szorgalmasan tanultam, mert tudtam, hogy ősztől ösztöndíjasként Budapesten fogok tanulni.
- Nem nehéz?
- Nem túl könnyű, mert kevés szabadidőm marad, de a tanáraim és az évfolyamtársaim is nagyon segítőkészek, és remélem a vizsgáim is jól sikerülnek.
- Igen. Reméljük. De most pihennie kell.
- Igen. Köszönöm szépen.
- Viszontlátásra!
- Viszontlátásra!
- Kérem a következőt!

## Szavak 단어

| | |
|---|---|
| hőemelkedés | menedzser |
| meghallgat | leányvállalat |
| gyomor | óvoda |
| folyadék | általános iskola |
| ágynyugalom | középiskola |
| rosszabbul | érettségi |
| javul | leérettségizik |
| valahová való | évfolyamtárs |
| korábban | jelentkezik |
| asszisztensnő | segítőkész |
| multinacionális cég | következő |

# B NYELVTAN 문법

## I. A fosztóképző 부재 의미 파생접사 -tlan/-tlen, -atlan/-etlen, -talan / -telen

*egészséges* 건강한 ⟷ *egészségtelen* 건강하지 않은

*kellemes* 편안한 ⟷ *kellemetlen* 편치 않은

*bátor* 용감한 ⟷ *bátortalan* 용기가 없는

*türelmes* 참을성 있는 ⟷ *türelmetlen* 참을성이 없는

예외: *szimpatikus* 호감의 – *antipatikus* 비호감의

## II. 부사격 어미

### 1. 여격 어미: -nak - nek

- 형용사 + -nak/-nek 어떻다고

valakit *valamilyennek* ismer meg. 누구를 어떻다고 알게 되다.

- 명사 + -nak/nek 무엇으로서

Édesapámat a cég budapesti irodájába nevezték ki irodavezetőnek.
아버지는 회사의 부다페스트 지사에 지사장으로 임명되었다.

### 2. 부사격 어미: -ként ..로서

Először gyerekként járt Magyarországon.
그는 어릴 때(어린애로서) 처음으로 헝가리에 가보았다. (=gyerekkorában)

Ösztöndíjasként jár az ELTÉ-re.
그는 장학생으로 엘떼 대학교에 다녔다.

Projektmenedzserként dolgozott a cégnél.
그는 회사에서 프로젝트 매니저로 일했다.

Szeretnék műfordítóként és tolmácsként dolgozni.
나는 번역가로서 그리고 통역사로서 일하고 싶다.

## III. 동사의 과거형

### 1. vezet류 동사의 과거시제: 3인칭 단수 주어적 변화에서만 -tt

Az igazgató egy nagy multinacionális vállalatot vezetett.
사장은 다국적 기업을 경영했었다.

| 주어적 변화 | 목적어적 변화 |
|---|---|
| vezettem | vezettem |
| vezettél | vezetted |
| *vezetett* | vezette |
| vezettünk | vezettük |
| vezettetek | vezettétek |
| vezettek | vezették |

vezet류 동사: beszélget, fizet, csenget, figyelmeztet, hirdet, nézeget, siet, szeret, törölget, ültet

### 2. tölt류 동사의 과거시제: 모든 인칭에서 -tt

Gyakran töltöttünk egy-két évet egy külföldi országban.
*우리는 자주 1-2년을 외국에서 보냈다.*

Hol *töltötted* a gyermekkorodat?
*너는 어린 시절을 어디서 보냈니?*

| 주어적 변화 | 목적어적 변화 |
|---|---|
| töltöttem | töltöttem |
| töltöttél | töltötted |
| töltött | töltötte |
| töltöttünk | töltöttük |
| töltöttetek | töltöttétek |
| töltöttek | töltötték |

자주 쓰이는 tölt류 동사: gyűjt, dönt, költ, köszönt, önt

### 3. 자음 -z, -g로 끝나는 동사의 과거시제형: 3인칭 단수 과거시제어간 -tt 앞에서 어말 모음이 탈락된다.

Az általános iskolai és középiskolai tanulmányaimat Szöulban *végeztem.*
나는 초등학교와 중학교를 서울에서 졸업했다.

A barátom orvosi egyetemet *végzett.*
*내 친구는 의과대학을 졸업했다.*

| 주어적 변화 | 목적어적 변화 |
|---|---|
| végeztem | végeztem |
| végeztél | végezted |
| végzett | végezte |
| végeztünk | végeztük |
| végeztetek | végeztétek |
| végeztek | végezték |

| 이 유형의 동사들: | | |
|---|---|---|
| | érez 느끼다 | éreztem, éreztél, érzett |
| | jegyez 적어두다 | jegyeztem, jegyeztél, jegyzett |
| | jelez 표시하다 | jeleztem, jeleztél, jelzett |
| | jellemez 특징짓다 | jellemeztem, jellemeztél, jellemzett |
| | mozog 움직이다 | mozogtam, mozogtál, mozgott |

# C GYAKORLATOK 연습문제

## C1 | SZÓKINCSGYAKORLATOK 어휘 연습

### 1. KIEGÉSZÍTÉS 채워 넣기

**Írja be a hiányzó betűket! 빈칸에 알맞은 글자를 넣어 단어를 만드시오!**

1) k_____lf_____ldi
2) gyer_____kkor
3) men_____dzser
4) c_____g
5) gy_____r
6) kö_____p_____nt
7) gy_____m_____r
8) t_____r_____k
9) f_____j
10) h_____t

### 2. SZINONIMÁK 유의어

**Milyen hasonló szavakat talál a szövegben? Milyen más hasonló szavakat ismer? Adja meg a szó szinonimáját! 127쪽 'A 대화가 있는 텍스트'에서 다음 단어의 유의어를 찾아 적으시오!**

1) vállalat ≈ ____________________

2) orvos ≈ ____________________

3) pihenés ≈ ____________________

4) innivaló ≈ ____________________

5) sokat segít ≈ ____________________

6) jó jegyet kap a vizsgán ≈ ____________________

## 3. ELLENTÉTEK 반의어

**Mi az ellentéte a következő szavaknak, kifejezéseknek? A szavakat megtalálja a szövegében.**
**127쪽 'A 대화가 있는 텍스트'에서 다음 단어의 반의어를 찾아 적으시오!**

1) jól van ⟷ ______________________

2) egészséges ⟷ ______________________

3) munka ⟷ ______________________

4) nehéz ⟷ ______________________

5) nem segít senkinek ⟷ ______________________

6) javul ⟷ ______________________

## 4. CSOPORTOSÍTÁS 단어 분류하기

**Csoportosítsa a szavakat aszerint, hogy pozitív vagy negatív tulajdonságot jelölnek: 다음 단어들을 긍정과 부정 의미에 따라 분류하시오.**

| | | | |
|---|---|---|---|
| buta | kellemetlen | okos | szorgalmas |
| érdekes | lusta | pontatlan | türelmes |
| kedves | mérges | pontos | türelmetlen |
| kellemes | nem segítőkész | segítőkész | unalmas |

| POZITÍV TULAJDONSÁGOK | | NEGATÍV TULAJDONSÁGOK |
|---|---|---|
| | ⟷ | |
| | ⟷ | |
| | ⟷ | |
| | ⟷ | |
| | ⟷ | |
| | ⟷ | |
| | ⟷ | |
| | ⟷ | |

## C2 | SZÖVEGÉRTÉSI FELADATOK 본문 독해 문제

### 1. IGAZ/HAMIS 사실/거짓

**Olvassa el az olvasmányt! Igaz vagy hamis? Ha hamis, írja le a helyes mondatot! 127쪽 'A 대화가 있는 텍스트'를 읽고 내용의 진위 I/H(Igaz/Hamis)를 표시하고, 거짓인 경우에는 사실을 적으시오!**

1) Szumi először az egyetemi évei alatt jött Magyarországra. ( I / H )

______________________________

2) Az édesapja menedzserként dolgozott. ( I / H )

______________________________

3) A család is Magyarországra jött az édesapa munkája miatt. ( I / H )

______________________________

4) A bátyja még magyar iskolában is tanult. ( I / H )

______________________________

5) Szumi is magyar iskolába járt. ( I / H )

______________________________

6) Szumi koronavírusos. ( I / H )

______________________________

## 2. FELELETVÁLASZTÓS TESZT 맞는 답 고르기

**1) Mikor találkozott Szumi először Magyarországgal?**

Ⓐ egyetemi éveiben
Ⓑ egy nyári utazáson
Ⓒ gyerekkorában
Ⓓ csak mostanában

**2) Milyen cégnél dolgozott az édesapja?**

Ⓐ egy koreai gyárban
Ⓑ egy multinacionális cégnél
Ⓒ egy magyar vállalatnál
Ⓓ Kelet-Európában

**3) Mi volt az édesapa munkája?**

Ⓐ egy irodában dolgozott
Ⓑ egy gyárban dolgozott
Ⓒ menedzserként dolgozott
Ⓓ egy üzemben volt munkás

**4) Milyenek Szumi diáktársai?**

Ⓐ kedvesek
Ⓑ segítőkészek
Ⓒ unalmasak
Ⓓ buták

**5) Mit mond az orvos, mi nem kell Szuminak?**

Ⓐ sok folyadék
Ⓑ pihenés
Ⓒ ágynyugalom
Ⓓ gyógyszer

## 3. KIEGÉSZÍTÉS 채워 넣기

**Illessze a megadott szavakat a kipontozott helyekre! Ha szükséges, az igéket tegye múlt időbe! 적합한 단어를 골라 빈칸을 채워 넣으시오! 필요에 따라 동사의 과거 시제형을 넣으시오!**

| általános | ismerkedik | középiskolai | nyelveket |
|---|---|---|---|
| tanul | tanul | végez | |

Az 1)________________ iskolai és 2)________________ tanulmányaimat Szöulban 3)________________. A középiskolában szívesen tanultam idegen 4)________________. Kicsi gyerekkorom óta 5)________________ angolul és később kínaiul is. Szerettem olvasni és mindig szívesen 6)________________ új nyelvekkel és kultúrákkal, ezért eldöntöttem, hogy nyelvszakon fogok 7)tovább________________ az egyetemen is.

## C3 NYELVTANI FELADATOK 문법 문제

### 1. KIEGÉSZÍTÉS 채워 넣기

**Illessze a megadott szavakat a kipontozott helyekre! Ha szükséges, az igéket tegye múlt időbe! 적합한 단어를 골라 빈칸을 채워 넣으시오! 필요에 따라 동사의 과거 시제형을 넣으시오!**

**Két álláshirdetés**

1) *dolgozik* *érdekel* *szerezne* *keres* *van*

Ha szívesen ①________________ (te) egy különleges, kellemes munkakörnyezetben, ha ②__________(téged) a nemzetközi projektek, és szívesen ③__________ (te)értékes tapasztalatokat egy fiatalos csapat tagjaként, jelentkezz hozzánk. Téged ④__________(mi), ha megbízható, csapatjátékos személyiség vagy, és önálló munkavégzésre ⑤__________(te) képes.

2) *keres* *elvár*

80 éve működő nemzetközi befektetési bankba ①______________ (mi) munkatársat. Kiemelkedő bérezés és bónuszok lehetősége. Megállapodás az első személyes találkozás alkalmával. ②____________ (mi) az igényes megjelenést és kommunikációt, valamint a pontos munkavégzést.

## 2. KÉRDÉSEK 의문문

**주어진 의문사를 선택하여 채워 넣으시오!**

| *Miért?* | *Mivel?* | *Hol?* | *Mikor? Mit?* |
|---|---|---|---|

1)

– Tetszik az új szoknyád.

– Kösz.

– ________________ vetted?

– A plázában.

2)

– ________________ mégy a bevásárlóközpontba? Autóval vagy taxival?

3)

– Neked tetszik Minjong új barátja?

– Nem igazán.

– ________________ nem?

4)

– ________________ lesz a névnapod?

– A jövő héten, 15-én.

– ________________ fogsz csinálni?

– Megünneplem a barátaimmal. Téged is meghívlak.

# D AKTÍV NYELVHASZNÁLAT 능동적 언어구사

## 1. DIALÓGUSÉPÍTÉS 대화 구성하기

**Rakja sorba az alábbi mondatokat, hogy értelmes párbeszédet kapjon! 의미 있는 대화가 가능하도록 다음 문장들의 순서를 배열하시오!**

1) ______ → ______ → ______ → ______ → ______ → ______

a. Viszhall! És várjuk szeretettel!

b. Köszönöm!

c. Egy kétágyas szobában tízezer forintba.

d. Mennyibe kerül Önöknél egy éjszaka?

e. Szívesen!

f. A viszonthallásra!

2) ______ → ______ → ______ → ______ → ______ → ______

a. Milyen volt a darab, amit tegnap láttál?

b. Milyen volt a főszereplő?

c. Hát, sajnos nem volt túl érdekes.

d. A főszereplő elég jó volt.

e. Elég unalmas volt.

f. Milyen volt a rendezés?

3) ______ → ______ → ______ → ______ → ______ → ______

a. Nem akarsz elmenni orvoshoz?

b. Lehet. Nagyon fáj a fejem.

c. Hogy vagy?

d. De igen. Eljössz velem?

e. Sajnos nem túl jól.

f. Nem érzed jól magad? Beteg vagy?

## 2. BESZÉLGETÉS 대화

**Kérdezze meg a párjától! Írja le a válaszokat emlékezetből! 대화 상대에게 질문하시오! 대답을 외워서 적으시오!**

1) Neked mi a másik szakod? ______________________________

2) Hol lakik a családod? ______________________________

3) Hova jártál középiskolába? ______________________________

4) Jártál már Magyarországon? ______________________________

5) Dolgozol valahol? ______________________________

## 3. FOGALMAZÁS 글쓰기

**Az olvasmány szövege alapján írjon egy rövid önéletrajzot (CV-t)! 읽은 내용을 바탕으로 짧은 이력서(CV)를 작성하시오!**

______________________________

______________________________

______________________________

______________________________

______________________________

## 4. KÉPLEÍRÁS 그림 설명하기

**Mesélje el, mit lát a képeken! 그림에 대해 설명하시오!**

Az első képen ______________ látunk. Általános iskolások. Szerintem körülbelül ______________ évesek lehetnek. A ______________ben vannak. Az egyik kislány egy ______________ ír valamit egy ______________be. A másik kislány segít, nézi, hogy az első mit ír.

A másik képen ______________ látunk. A ______________ben vannak, de nem a padban ülnek. Valamilyen ______________en dolgoznak. Négy lányt és egy ötödik kezet látunk, de nem tudni, hogy az ötödik személy ______________ vagy lány. Meleg ruhában vannak, talán ______________ van vagy ______________, de biztosan nem tavasz vagy nyár. Nem tudom, milyen országban vannak, talán ______________.

# E HALLÁS UTÁNI SZÖVEGÉRTÉS 듣기 연습

## E1 | HANGANYAG 듣기 텍스트 1

### 1. FELELETVÁLASZTÓS TESZT 맞는 답 고르기

**Válaszoljon a hallott szövegre vonatkozó kérdésekre! 텍스트를 듣고 질문에 답하시오!**

**1) Mi Tiina fogalkozása?**

Ⓐ orvos
Ⓑ egyetemista
Ⓒ tanár
Ⓓ nyelvtanuló

**2) Hány éve él Budapesten?**

Ⓐ öt éves
Ⓑ ötödikes
Ⓒ öt éve
Ⓓ harmincöt

**3) Miért van Budapesten?**

Ⓐ magyart tanít
Ⓑ egyetemi oktató
Ⓒ magyarul tanul
Ⓓ egyetemi hallgató

**4) Hány éves a kislánya?**

Ⓐ magyarul beszél
Ⓑ nincs információ
Ⓒ jobban beszél mint Tiina
Ⓓ Helsinkiben tanul

**5) Miről szól a szöveg?**

Ⓐ a magyartanulásról
Ⓑ Budapestről
Ⓒ Tiina kislányáról
Ⓓ egy bemutatkozás

## 2. KIEGÉSZÍTÉS 채워 넣기

**A hallott szöveg alapján illessze be a szavakat a mondatokba!** 텍스트를 듣고 적합한 단어를 골라 문장에 채워 넣으시오!

| tanultam | harminc | öt éve | jobban | tanárként |
|---|---|---|---|---|

A nevem Tiina Laihonen. Finn vagyok, és 1)____________ dolgozom az egyetemen. 2)____________ éves vagyok. 3)____________ élek Budapesten a családommal együtt. Már Helsinkiben is 4)____________ kicsit magyarul. A kislányom lassan 5)____________ beszéli a nyelvet, mint én.

## E2 | HANGANYAG 듣기 텍스트 2

## 1. FELELETVÁLASZTÓS TESZT 맞는 답 고르기

**Válaszoljon a hallott szövegre vonatkozó kérdésekre!** 텍스트를 듣고 질문에 답하시오!

**1) Miről szól a szöveg?**

Ⓐ a Debreceni Egyetemről
Ⓑ a Szegedi Egyetemről
Ⓒ egy életrajz
Ⓓ a Harvard Egyetemről

**2) Mi az édesapa foglalkozása?**

Ⓐ nős
Ⓑ professzor
Ⓒ budapesti
Ⓓ informatika

**3) Mikor dolgozott a Harvardon?**

Ⓐ 1950-ben
Ⓑ 1973-ban
Ⓒ 2005-ben
Ⓓ 2015-ben

**4) Kiről szól ez a szöveg?**

Ⓐ A beszélő édesapjáról.
Ⓑ Tiináról.
Ⓒ A beszélőről.
Ⓓ Szegedről.

**5) Mit csinál most az édesapa?**

Ⓐ A Harvardon kutat.
Ⓑ Informatikai céget vezet.
Ⓒ Nem tudjuk meg.
Ⓓ Professzor Szegeden.

## 2. KIEGÉSZÍTÉS 채워 넣기

**A hallott szöveg alapján illessze be a szavakat a mondatokba! 텍스트를 듣고 적합한 단어를 골라 문장에 채워 넣으시오!**

| | | | |
|---|---|---|---|
| *oktatott* | *férjhez ment* | *megnősült* | *született* |
| *meglátogatott* | *tanított* | *csatlakozott* | *költöztek* |
| *nevezték* | *kezdett* | *adott elő* | *meghalt* |
| *tanult* | | | |

Az édesapám 1970-ben Pécsen [1]_______________ 1993-ban [2]_______________, majd Szegedre [3]_______________ 2010-ben professzornak [4]_______________ki a Szegedi Egyetemre. Itt informatikával [5]_______________ foglalkozni. 2015-ben a Harvard Egyetemen [6]_______________, és kicsit később [7]_______________ az egyetem kutatócsoportjához.

lecke

# 7 HÉTVÉGI PROGRAMOK

## 주말 프로그램

학습목표

1. 동사 tetszik이 있는 문장 익히기
2. 명사의 소유관계 표현 익히기
3. 관계대명사와 관계 문장 익히기

1. 자신의 취향과 취미를 헝가리어로 표현할 수 있나요?
2. 여가 시간을 어떻게 보내는지 얘기할 수 있나요?
3. 헝가리 영화, 음악, 예술 관련 개념은 어떻게 표현하나요?

## A OLVASMÁNY PÁRBESZÉDDEL 대화가 있는 텍스트

Szumi és Kata a kollégium előtti parkban találkoznak. Mivel szép az idő, leülnek egy padra beszélgetni. Kicsit később megérkezik Kata barátja, András is:

| | |
|---|---|
| SZUMI | Szia Kata! |
| KATA | Szia Szumi! De rég láttalak! Hogy vagy? Minden rendben? |
| SZUMI | Igen; de jó, hogy ismét összefutottunk! Már András is itt van Budapesten, a kampuszon? |
| KATA | Igen, két hete érkeztünk vissza Szegedről. De nézd csak, itt is jön! |
| SZUMI | Helló András! Mi újság? Hogy vagy? |
| ANDRÁS | Kösz szépen, jól. És te hogy vagy? |
| SZUMI | Én remekül. Mit csináltatok a hétvégén? |
| ANDRÁS | Szuper hétvégénk volt. Péntek este elmentünk moziba Katával, mert meg akartam nézni egy híres magyar filmet, amiről már sokat hallottam. |
| SZUMI | Mi a címe? |
| ANDRÁS | *Fehér isten.* Nagyon érdekes, de egy kicsit furcsa film volt. Ajánlom neked is. |
| KATA | Nekem sajnos nem nagyon tetszett a film, és a moziban is túl hangos volt. Én inkább jobban szeretek otthon ülni, és amerikai, angolul beszélő sorozatokat nézni a Netflixen. |
| SZUMI | Azt én is szoktam, mert így jól lehet angolul tanulni. Milyen filmeket szeretsz nézni? |
| KATA | Én főleg romantikus komédiákat, vígjátékokat, krimiket meg horrorfilmeket nézek szívesen, de András nem szereti a horrort, inkább a művészfilmeket. |
| ANDRÁS | Igen, így van. |
| SZUMI | A horrorfilmeket én sem szeretem, de szívesen nézek tudományos-fantasztikus filmeket. Én most ritkábban járok moziba, mert sok dolgom van. |
| ANDRÁS | A sci-fit én is szeretem. |
| SZUMI | És szombaton mit csináltatok? |
| KATA | Szombaton reggel sokáig aludtunk, és aztán kora délután elmentünk táncházba. |
| SZUMI | Táncháááz? Az meg micsoda? |
| KATA | Az egy olyan hely, ahol magyar néptáncokat lehet tanulni és közösen táncolni. Élő zene van. Egy zenekar játszik magyar népzenét. Egy nagyon jó hely. Mi sokszor megyünk oda. Szombatonként szinte kéthetente mindig ott vagyunk. Mindig jó a hangulat és sok szimpatikus emberrel lehet ott találkozni. |
| SZUMI | Legközelebb én is szeretnék veletek menni. |
| ANDRÁS | Jó! Majd szólunk neked is. Majd meglátod, hogy Kata nagyon ügyesen táncol. |

SZUMI Szuper! Már alig várom! Nagyon szívesen ismerkedem a magyar hagyományokkal, különösen a zenével, és új emberekkel is szívesen találkozom.

ANDRÁS Ó, ez igazán remek lesz! Ha eljössz, bemutatlak néhány ismerősünknek, akivel ott szoktunk találkozni. Talán ott megtetszik neked egy magyar fiú.

SZUMI Soha nem lehet tudni…

KATA És te mit csináltál a hétvégén?

SZUMI A Vígszínházban voltunk a magyaros csoporttal. Egy musicalt néztünk meg, az volt a címe, hogy *A Pál utcai fiúk*. Nagyon tetszett.

KATA Ez egy nagyon híres darab egy nagyon híres könyvből. Korábban már láttam én is. Talán ez a legjobb zenés darab, amit életemben láttam.

## Szavak 단어

| | |
|---|---|
| pad | táncház |
| híres | zenekar |
| furcsa | népzene |
| romantikus | hangulat |
| komédia | szimpatikus |
| vígjáték | legközelebb |
| krimi | ismerkedik |
| horrorfilm | bemutat |
| művészfilm | ismerős |
| tudományos-fantasztikus | megtetszik |
| sci-fi | |

# B NYELVTAN 문법

## I. 부사의 비교급: 형용사의 비교급 + -an/-en

| 비교급 | | 원급 | |
|---|---|---|---|
| ritkábban | 좀 더 드물게 | ritkán | 드물게 |
| gyakrabban | 좀 더 자주 | gyakran | 자주 |

부사의 의미는 비교급이 원급보다 정도가 덜하다. 이 때문에 대화에서는 비교급 형태가 더 많이 사용된다.

| | |
|---|---|
| Én most *ritkábban* járok moziba. | 나는 요즘 좀 드물게 극장에 간다. |
| De *gyakrabban* nézek filmet a Netflixen. | 그러나 좀 더 자주 Netflix에서 영화를 본다. |

## II. -nak/-nek 의 용법

### 1. tetszik + 명사-nak/-nek

| | |
|---|---|
| Hogy tetszik neked ez a film/az előadás? | 이 영화는/이 공연은 어떻게 마음에 들었니? |
| Nekem tetszik. | 내 맘에 들어요. |
| Szuának nem tetszik a néptánc. | 수아에게는 민속춤이 마음에 들지 않는다. |

## 2. 소유자 논항

Valakinek van valamilyen véleménye.
누가 어떤 의견을 갖고 있다.

Az a véleményem, hogy a néptánc érdekes, de Katinak az a véleménye, hogy a néptánc unalmas.
내 의견은 민속춤은 재미있다는 것인데, 커티는 재미없다는 의견을 갖고 있다.

*Nekem* más a véleményem.
내 의견은 다르다.

비교

Valaki egyetért valamiben valakivel. 누구와 의견이 일치하다.

Én nem értek vele egyet. 나는 그와 동의하지 않는다.

## III. 관계대명사: ami, aki, ahol, ahova

### 1. ami, amiről

Meg akartam nézni egy új magyar filmet. **A filmről** már sokat hallottam.
나는 새 헝가리 영화를 보려고 했다. 그 영화에 대해 나는 이미 많이 들었다.

Meg akartam nézni egy új magyar filmet, **amiről** már sokat hallottam.
나는 이미 많이 들은 바 있는 새 헝가리 영화를 보려고 했다.

## 2. aki, akivel

Bemutatlak néhány ismerősünknek.
내가 너를 몇몇 지인에게 소개할게.

Velük ott szoktunk találkozni.
우리는 거기서 그들과 만나곤 했다.

Bemutatlak néhány ismerősünknek, akivel ott szoktunk találkozni.
너를 거기서 만나곤 했던 몇몇 지인에게 소개할게.

## 3. ahol

A Vígszínházban voltunk.
우리는 Vig 극장에 있었다/갔었다.

Ott mindig van valami érdekes.
거기는 언제나 재미있다.

A Vígszínházban voltunk, ahol mindig van valami érdekes.
우리는 언제나 재미있는 Vig 극장에 갔다.

## 4. 비교, 최상급의 관계구문: ami, aki

Ez a legjobb zenés darab, amit életemben láttam.
이것이 내 생전에 본 가장 좋은 음악 작품이야.

Ez volt a legrosszabb könyv, amit életemben elolvastam.
이것이 내 생전에 읽은 가장 나쁜 책이었어.

Ez volt a legunalmasabb buli, ahova életemben elmentem.
이것이 내 생전 가본 가장 지루한 파티였어.

Ez volt a legrosszabb étel/leves, amit életemben megkóstoltam.
이것이 내 생전 먹어본 가장 나쁜 음식이었어.

Ő volt a legszebb/ legcsúnyább lány, akivel életemben/valaha találkoztam.
그는 내 생전 만나본 중 가장 아름다운/가장 못생긴 소녀였어.

# C GYAKORLATOK 연습문제

## C1 SZÓKINCSGYAKORLATOK 어휘 연습

### 1. KIEGÉSZÍTÉS 채워 넣기

**Írja be a hiányzó betűket!** 빈칸에 알맞은 글자를 넣어 단어를 만드시오!

1) szí_____áz
2) elő_____dás
3) tá_____ház
4) egy_____ttes
5) ze_____ész
6) ism_____rős
7) meg_____eszél
8) spo_____tol
9) edz_____terem
10) gyakra_____an
11) hétv_____ge
12) han_____zik

### 2. SZINONIMÁK 유의어

**Milyen hasonló szavakat talál a szövegben? Milyen más hasonló szavakat ismer? Adja meg a szó szinonimáját!** 147쪽 'A 대화가 있는 텍스트'에서 다음 단어의 유의어를 찾아 적으시오!

1) zenés darab ≈ ____________________

2) folytatásos filmek ≈ ____________________

3) romantikus komédia ≈ ____________________

4) tudományos-fantasztikus ≈ ____________________

5) kedves ≈ ____________________

6) jól (csinál valamit) ≈ ____________________

7) Remek! ≈ ____________________

8) nem túl közeli barát ≈ ____________________

9) megkedvel ≈ ____________________

## 3. ELLENTÉTEK 반의어

**Mi az ellentéte a következő szavaknak, kifejezéseknek? A szavakat megtalálja a szövegében.**
**147쪽 'A 대화가 있는 텍스트'에서 다음 단어의 반의어를 찾아 적으시오!**

1) nagyon rosszul ⟷ ______________

2) ellenszenves ⟷ ______________

3) ügyetlen ⟷ ______________

4) Ez szörnyű! ⟷ ______________

5) gyakrabban ⟷ ______________

## 4. Párok 대응짝

| mozi | színház |
|---|---|
| vetítés | |
| film | |
| mozijegy | |
| sor | |
| gyorsbüfé | |

## C2 SZÖVEGÉRTÉSI FELADATOK 본문 독해 문제

### 1. IGAZ/HAMIS 사실/거짓

**Olvassa el a *Hétvégi programok* című szöveget! Igaz vagy hamis? Ha hamis, írja le a helyes mondatot! ! 147쪽 'A 대화가 있는 텍스트'를 읽고 내용의 진위 I/H(Igaz/Hamis)를 표시하고, 거짓인 경우에는 사실을 적으시오!**

1) Szumi és Kata a kollégium előtti parkban találkoznak. (I / H)

______________________________

2) Kata és András Kecskeméten laknak. (I / H)

______________________________

3) Szumi szombaton este moziban volt. (I / H)

______________________________

4) Katának nem tetszett a film. (I / H)

______________________________

5) András imádja a horrorfilmeket. (I / H)

______________________________

6) András és Kata péntek este táncházban voltak. (I / H)

______________________________

7) Szumi szeret táncolni. (I / H)

______________________________

8) Szumi szívesen megismerkedne új emberekkel. (I / H)

______________________________

9) A Vígszínházban zenés-táncos darabokat mutatnak be. (I / H)

10) *A Pál utcai fiúk* című darab egy musical. (I / H)

## 2. FELELETVÁLASZTÓS TESZT 맞는 답 고르기

**1) Milyen gyakran jár moziba Szumi?**

Ⓐ Mostanában gyakrabban, mint korábban.
Ⓑ Még sosem volt moziban.
Ⓒ Naponta.
Ⓓ Mostanában ritkábban, mint korábban.

**2) Milyen filmeket nem szeret Szumi?**

Ⓐ rajzfilm
Ⓑ krimi
Ⓒ horror
Ⓓ romantikus

**3) András szerint milyen NEM egy magyar táncház?**

Ⓐ Kedves hely.
Ⓑ Csendes hely.
Ⓒ Vidám hely.
Ⓓ Érdekes hely.

**4) Hol látta Szumi *A Pál utcai fiúkat*?**

Ⓐ A tévében.
Ⓑ A moziban.
Ⓒ Az operában.
Ⓓ A színházban.

**5) Kata ismeri ezt a musicalt?**

Ⓐ Még nem látta.
Ⓑ Még nem hallott róla.
Ⓒ Igen. Szerinte a legjobb, amit látott.
Ⓓ Igen, de csak hírből.

## 3. KIEGÉSZÍTÉS 채워 넣기

**Illessze a megadott szavakat a kipontozott helyekre!** 적합한 단어를 골라 빈칸을 채워 넣으시오!

| életemben | előadás | darabot | nekem | sztár | műfaj |
|---|---|---|---|---|---|

1) A hétvégén színházba mentünk és egy zenés ________________ néztünk meg.

2) Milyen volt az ________________ operában?

3) ________________ nem nagyon tetszett ez a film.

4) A musical egy dalos-táncos ____________ ahol a színészek sokat táncolnak és énekelnek.

5) Talán ez a legjobb zenés darab, amit ________________ láttam.

6) Még soha életemben nem találkoztam ilyen nagy ________________-ral.

## C3 | NYELVTANI FELADATOK 문법 문제

### 1. KIEGÉSZÍTÉS 채워 넣기

**Írja be a hiányzó igéket a megfelelő alakban az alábbi szövegbe! 괄호 안의 동사를 적합한 형태로 변형하여 빈칸에 써서 글을 완성하시오!**

András elmeséli a szombati napját:

A múlt hétvégén, szombat este színházban (van)*voltam* a barátnőmmel.

Reggel 7-kor 1)(felébred / én)________________ és 2)(felkel)________________.

3)(Bemegy)________________ a fürdőszobába és 4)(megfürdik)________________.

Közben a kádban 5)(énekel)________________.

Azután 6)(megborotválkozik)________________ és 7)(megfésülködik)________________.

8)(Felöltözik)________________ és közben zenét 9)(hallgat)________________.

10)(Felvesz)________________ egy kabátot. 11)(Lekapcsol)________________ a villanyt.

12)(Kilép)________________ a lakásból.

13)(Becsuk)________________ az ajtót.

Este ötkor 14)(megérkezik)________________ a színházba.

15)(Megvesz)________________ a jegyeket.

16)(Kijön)________________ a színházból.

17)(Vár)________________ és 18)(olvas)________________ a színház előtt.

Háromnegyed hétkor 19)(megérkezik)________________ a barátnőm.

20)(Bemegy / mi)________________ a színházba.

[21](Betesz / mi)________________ a kabátokat a ruhatárba.

[22](Leül / mi)________________ a helyünkre.

Hét órakor [23](elkezdődik)________________ az előadás.

## 2. KIEGÉSZÍTÉS 채워 넣기

**Írja be a megfelelő vonatkozó névmásokat a mondatokba! 알맞은 관계대명사를 골라 빈칸에 적어 넣으시오!**

| amit (x3) | ahova | amiről | akivel (x3) | akiknek | ahol |
|---|---|---|---|---|---|

1) Meg akartam nézni ezt az előadást, ________________ már sokat hallottam.

2) A lány, ________________ nagyon jó volt táncolni, sajnos már nem jár a táncházba.

3) Bemutatlak néhány barátomnak, ________________ már sokat meséltem rólad.

4) A Sziget Fesztiválon, ________________ mindig történik valami érdekes, nagyon sok külföldi van.

5) Ez volt a legcsípősebb gulyásleves, ________________ életemben ettem.

6) Ő volt a legszebb lány, ________________ valaha életemben jártam.

7) Ez a legjobb film, ________________ életemben láttam.

8) Ez volt a legjobb könyv, ________________ életemben elolvastam.

9) Ez volt a legszuperebb buli, ________________ életemben elmentem.

10) Zsuzsa, ________________ egy gimnáziumba jártunk, most már híres énekes egy popegyüttesben.

## 3. MONDATALKOTÁS 문장 만들기

**Alkosson múlt idejű mondatokat a következő kérdőszavakkal. Ügyeljen a fókuszra! 다음 의문사를 사용하여 과거시제 문장을 만드시오. 초점에 유의하시오!**

» Pl.: Hol voltál a hétvégén? – Színházban voltam a barátnőmmel.

| *Mit?* | *Melyik?* | *Mikor?* | *Mióta?* | *Miért?* |
|---|---|---|---|---|

1) ______________ tanultál olyan sokat? – Jó állást szerettem volna kapni.

2) ______________ kezdted el az egyetemet? – 2020-ban.

3) ______________ ettél ebédre? – Rizst és kimcsit.

4) ______________ szobában laksz? – A 808-asban.

5) ______________ tanulsz magyarul? – Két éve.

## 4. MONDATALKOTÁS 문장 만들기

**Tegyen fel kérdéseket! Használhatja a fenti kérdőszavakat! 위의 의문사를 사용하여 의문문을 만드시오!**

» Pl.: 21 éves vagyok. → HÁNY éves vagy?

1) A nevem Minjong.

→ ______________________

2) Koreából jöttem.

→ ______________________

3) Fáradt vagyok.

→ ______________________

4) Az 1117-es busz megy oda.

→ ______________________

5) Mert nem szeretem az operát.

→ ______________________

6) Ők híres K-pop sztárok.

→ ______________________

7) Háromkor találkozunk a mozi előtt.

→ ______________________

8) Tegnap óta csak ez a sláger jár a fejemben.

→ ______________________

## D AKTÍV NYELVHASZNÁLAT 능동적 언어구사

### 1. DIALÓGUSÉPÍTÉS 대화 구성하기

**Rakja sorba az alábbi mondatokat, hogy értelmes párbeszédet kapjon! 의미 있는 대화가 가능하도록 문장의 순서를 배열하시오!**

1) ______ → ______ → ______ → ______ → ______ → ______ → ______

a. Igen. Mikor kezdődik az előadás?

b. Nincs kedved színházba menni?

c. Ráérsz pénteken?

d. Este nyolckor.

e. Hol találkozunk?

f. De igen! Szívesen megyek veled színházba.

g. A színház előtt háromnegyed nyolckor.

2) ______ → ______ → ______ → ______ → ______ → ______ → ______ → ______

a. Jó lesz oda is.

b. A tízesbe, ha lehet.

c. Tessék!

d. Két jegyet kérek szépen az esti előadásra.

e. Hányas sorba kéri?

f. Oda sajnos már nincs. Csak a karzatra tudok adni.

g. Köszönöm.

3) ______ → ______ → ______ → ______ → ______ → ______ → ______ → ______ → ______

a. Köszönjük! A viszontlátásra!

b. Hol van a ruhatár?

c. Van még jegy a fél nyolcas előadásra?

d. Igen, de már csak a hátsó sorokba.

e. Nem probléma. Mennyibe kerül?

f. Ott jobbra.

g. Köszönöm szépen.

h. Ötezerötszáz forintba.

i. Szívesen! Jó szórakozást kívánok!

## 2. BESZÉLGETÉS 대화

**Kérdezze meg a párjától! 대화 상대에게 질문하시오!**

**1) Mivel töltöd a szabadidődet?**

① Sportolok. ② Filmet nézek. ③ Zenét hallgatok. ④ Mást csinálok.

**2) Moziba vagy színházban szeretsz járni jobban?**

① Moziba. ② Színházba. ③ Egyik sem. ④ Mindkettő.

**3) Hány magyar filmet láttál eddig?**

① Semennyit. ② 1-2-t. ③ 3-4-et. ④ 5-öt vagy többet.

**4) Hány magyar énekest/zenészt ismersz?**

① Semennyit. ② 1-2-t. ③ 3-4-et. ④ 5-öt vagy többet.

**5) Milyen filmek a kedvenceid?**

① romantikus ② vígjáték ③ dráma ④ más

## 3. JÁTÉK 게임

**Magyarország lesz a START. Mindenki annyi országot léphet, amennyit dobókockával dobott. Az irány szabadon választott. A játék végére ki hány országot látogatott meg? Kik élnek ott és milyen nyelven beszélnek?** 헝가리가 출발점입니다. 누구나 주사위를 던진 만큼 많은 나라에 입국할 수 있습니다. 방향은 자유롭게 선택됩니다. 게임이 끝날 때까지 누가 몇 나라를 방문했나요? 거기서 사는 사람들은 누구이며 어떤 언어를 사용합니까?

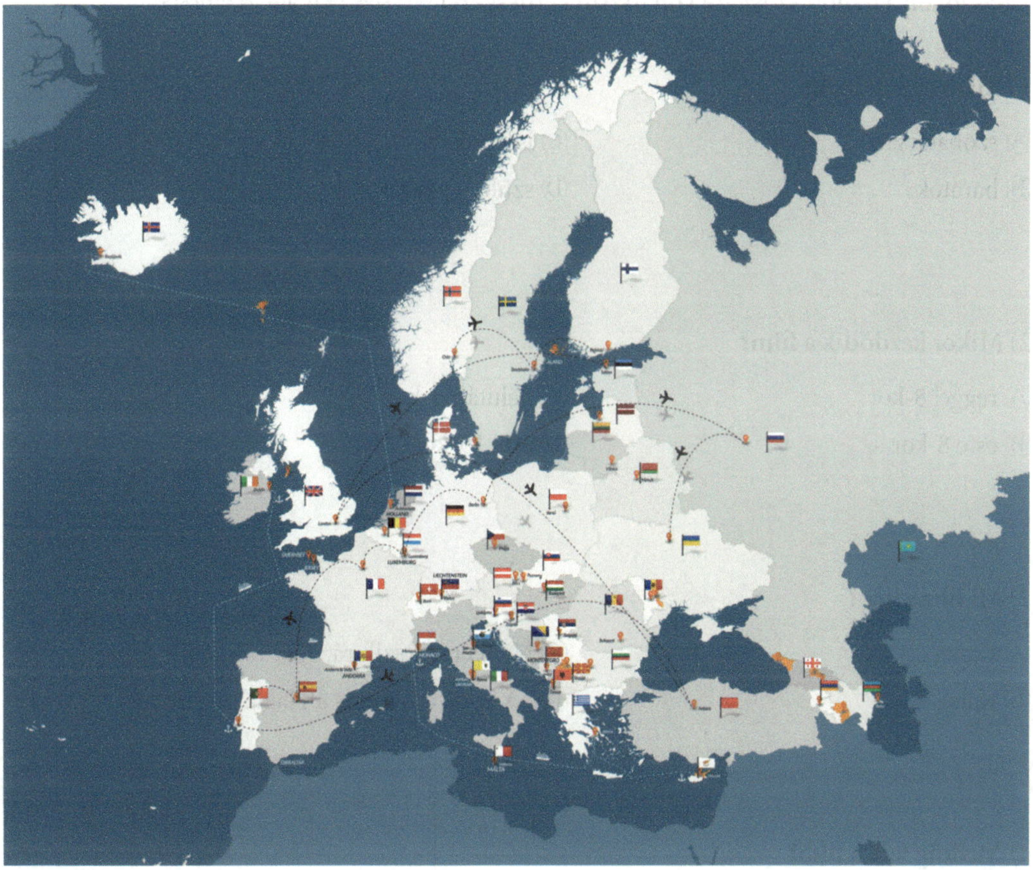

# E HALLÁS UTÁNI SZÖVEGÉRTÉS 듣기 연습

## E1 | HANGANYAG 듣기 텍스트 1

### 1. Feleletválasztós teszt 맞는 답 고르기

**Válaszoljon a hallott szövegre vonatkozó kérdésekre! 텍스트를 듣고 질문에 답하시오!**

**1) Kik beszélgetnek?**

Ⓐ szobatársak
Ⓑ barátok
Ⓒ ismerősök
Ⓓ szülő – gyerek

**2) Mikor kezdődik a film?**

Ⓐ reggel 8-kor
Ⓑ este 8-kor
Ⓒ délután 4-kor
Ⓓ este 10-kor

**3) Mi film címe?**

Ⓐ Kápé.
Ⓑ Kábé.
Ⓒ Nem emlékszik rá.
Ⓓ „A nyolcadik utas a Halál."

**4) Meddig tart a film?**

Ⓐ este 8-ig
Ⓑ este 10-ig
Ⓒ reggel 8-ig
Ⓓ délelőtt 10-ig

**5) Elmehet a moziba?**

Ⓐ igen
Ⓑ nem
Ⓒ nem tudni
Ⓓ ha 10-re hazaér

## E2 | HANGANYAG 듣기 텍스트 2

### 1. Feleletválasztós teszt 맞는 답 고르기

**Válaszoljon a hallott szövegre vonatkozó kérdésekre! 텍스트를 듣고 질문에 답하시오!**

**1) Kik beszélgetnek?**

Ⓐ szülő – gyerek
Ⓑ barátok
Ⓒ idegenek
Ⓓ pénztárosok

**2) Hol beszélgetnek?**

Ⓐ a boltban
Ⓑ az egyetemi előadáson
Ⓒ otthon
Ⓓ telefonon

**3) Hova mennek?**

Ⓐ moziba
Ⓑ színházba
Ⓒ operába
Ⓓ buliba

**4) Mit néznek meg?**

Ⓐ egy új amerikai filmet
Ⓑ egy új japán rajzfilmet
Ⓒ az új magyar darabot
Ⓓ az új koreai filmet

**5) Mikor kezdődik?**

Ⓐ holnap este 8-kor
Ⓑ ma este 10-kor
Ⓒ ma este 8-kor
Ⓓ tegnap este 10-kor

lecke

# 8 SPORT

## 운동

**학습목표**

1. 스포츠 종목의 파생동사와 파생명사 익히기
2. 동사부정형(INF)이 있는 문장의 어순 이해하기
3. 헝가리어 병렬 접속사의 의미와 용법 익히기

1. 헝가리 사람들은 어떤 운동을 좋아하나요?
2. 운동 종목 명사와 그 동사형 짝은 어떻게 만들어지나요?
3. 헝가리어에서 배수는 어떻게 표현하나요?

## A OLVASMÁNY PÁRBESZÉDDEL 대화가 있는 텍스트

A kollégium tévészobájában Bori és Szumi egy teniszmeccset néznek a tévében. A szünetben a különböző sportokról beszélgetnek:

- Te milyen sportot szeretsz? – kérdezi Szumi.
- Én imádok úszni – mondja Bori.
- Én sajnos még nem tudok, de most járok tanfolyamra.
- Az úszás nagyon jó sport, népszerű és egészséges is. Én hetente háromszor járok uszodába.
- Ó! Akkor te rendszeresen jársz oda. A tengerben is úsztál már? – kérdezi Szumi.
- Természetesen! Tavaly nyáron az Adrián voltam. Sokat úsztam és egyszer még vitorláztam is.
- Milyen volt?
- Nagyon tetszett. Tiszták voltak a strandok és mindig sütött a nap. A télen pedig az osztrák Alpokban voltam síelni, és a szállodához közel még korcsolyázni is lehetett. Egyszer még hódeszkázni is megpróbáltam, de az nem ment túl jól.
- Jaj! A téli sportokat én nem szeretem, mert akkor nekem túl hideg van. Maximum a jéghokit szoktam nézni a tévében.
- És te mit sportolsz? – kérdi Bori.
- Én egy héten háromszor futok a parkban. Ha süt a nap, imádok a parkban futni, de ha rossz az idő, akkor konditerembe megyek.
- Én nem járok konditerembe, mert sajnos nincs a közelben, de otthon gyakran szoktam tornázni vagy jógázni.
- Te tudsz jógázni? – csodálkozik Szumi.
- Igen, az interneten vannak nagyon jó jógavideók.
- Úgy hallottam, az nagyon jó torna.
- Igen, neked is ajánlom. Sajnos egész nap az egyetemen vagyok, és sokat kell ülni az előadásokon, szemináriumokon – ezek után nagyon jólesik egy kis jóga vagy torna.
- Úgy tűnik, hogy soha nem unatkozol.
- Így van! Próbálok mozogni. Tudod mit? Van egy ötletem. Egy közeli fitneszklubban aerobikórák indulnak. Van kedved eljönni velem?
- Remek ötlet! Ó! Folytatják a teniszt.

## Szavak 단어

tévészoba

teniszmeccs

vízi sport

népszerű

vízilabda

kajakozás

evezés

verseny

bajnokság

valaki valamilyen sportot végez/ űz

tanfolyam

egészséges

vitorlázik

strand

korcsolya, korcsolyázni

hódeszka, hódeszkázni

megpróbál, kipróbál valamit

jól megy / nem megy jól valakinek valami

jéghoki

konditerem

tornázik

jógázik

mozog, mozgás

ötlet

fitneszklub

aerobik

folytat

# B NYELVTAN 문법

## I. 단어 파생법 Szóképzés

### 1. 명사에서 동사 파생접사: -z/-zik

운동 종목 명사에서 파생된 동사

| | |
|---|---|
| tollaslabda 배드민턴 | - tollaslabdázik/ tollaslabdázni 배드민턴하다 |
| dzsúdó 유도 | - dzsúdózik/ dzsúdózni 유도하다 |
| kajak 카누 | - kajakozik/ kajakozni 카누하다 |
| vitorla 요트 | - vitorlázik/ vitorlázni 요트하다 |

그러나 -l과 결합하는 운동 종목도 있다.

| | |
|---|---|
| atlétika 육상 | - atletizál/ atletizálni 육상경기하다 |
| sí 스키 | - síel/síelni |

### 2. 동사에서 명사 파생접사: -ás, -és

| | |
|---|---|
| úszik 수영하다 | úszás 수영 |
| hódeszkázik 스노보드 타다 | hódeszkázás 스노보드 (운동) |
| kosárlabdázik 농구하다 | kosárlabdázás 농구 |
| teniszezik 테니스하다 | teniszezés 테니스(운동) |

## 3. 부정형INF 구문

**양태문장 lehet, kell, szabad, tilos + INF**

Hol lehet / szabad / tilos a kampuszon sportolni?
캠퍼스에서 어디에서 운동할 수 있습니까?/운동해도 되나요?/운동해서는 안 되나요?

Miért tilos ebben a tóban úszni?
왜 이 연못에서는 수영이 금지입니까?

Mit lehet vacsorára enni?
저녁으로 무엇을 먹을 수 있나요?

Itt lehet tollaslabdázni.
어디서 배드민턴할 수 있나요?

Itt tilos dohányozni.
여기서 담배 피우는 것은 금지입니다.

**INF + 형용사 술어**

| | |
|---|---|
| Sportolni fontos/ egészséges. | 운동하는 것은 중요합니다/건강합니다. |
| Bokszolni veszélyes. | 복싱하는 것은 위험합니다. |

## II. 자주 사용하는 접속사

### 1. mert 왜냐하면, de 그러나·하지만

Nem járok konditerembe, mert itt sajnos nincs a közelben, de otthon gyakran szoktam tornázni vagy jógázni.
나는 헬스장에 다니지 않습니다. 왜냐하면 여기 가까이에 없기 때문입니다. 그러나 집에서 자주 체조와 요가를 하곤 합니다.

### 2. mégis 그럼에도 불구하고, mégsem 그럼에도.. 아니다, viszont 반면에

Esett az eső, mégis kint kosárlabdáztak az egyetemisták.
비가 오는데도 학생들은 밖에서 농구를 했다.

Elég jól teniszezik, mégsem elégedett magával.
그는 꽤 테니스를 잘 하는데도 스스로에 만족하지 못한다.

Nekem nincs időm veled futni menni, viszont Bori most ráér.
나는 너와 같이 달리기하러 갈 시간이 없지만, 보리는 지금 시간이 있을 거야.

### 3. pedig: 두 가지 의미가 있다. 이 의미는 어순에 의해 구별된다.

Nem mehetek ki a Forma-1 futamra, pedig nagyon szeretnék. (jelentése: bár / habár)
나는 자동차 경주 Forma-1 경기에 갈 수 없다. 그러나 나는 매우 가고 싶다.

Én korcsolyázni szeretek, Márta pedig síelni. (jelentése: és).
나는 스케이트 타는 것을 좋아한다. 반면에 마르타는 스키를 좋아한다.

## III. 배수 격어미: -szor/-szer/-ször

| | | |
|---|---|---|
| egyszer sem 한 번도 아니다 | háromszor 세 번 | tízszer 열 번 |
| egyszer 한 번 | négyszer 네 번 | százszor 백 번 |
| kétszer (is) 두 번 | ötször 다섯 번 | ezerszer 천 번 |

# C GYAKORLATOK 연습문제

## C1 | SZÓKINCSGYAKORLATOK 어휘 연습

### 1. KIEGÉSZÍTÉS 채워 넣기

**Írja be a hiányzó betűket! 빈칸에 알맞은 글자를 넣어 단어를 만드시오!**

1) s____ort
2) ____szás
3) fo____i
4) ve____se____
5) v____z____ sp____rt
6) ____robi____
7) fitne____kl____b
8) Fo____ma-____
9) fu____á____
10) te____i____

### 2. SZINONIMÁK 유의어

**Milyen hasonló szavakat talál a szövegben? Milyen más hasonló szavakat ismer? Adja meg a szó szinonimáját! 167쪽 'A 대화가 있는 텍스트'에서 아래 단어의 유의어를 찾아 적으시오!**

1) televízió ≈ ____________________
2) nagyon szeret ≈ ____________________
3) sok ember szereti ≈ ____________________
4) tetszik, ízlik, kellemes ≈ ____________________
5) azt lehet gondolni | úgy látszik ≈ ____________________

## 3. ELLENTÉTEK 반의어

**Mi az ellentéte a következő szavaknak, kifejezéseknek? A szavakat megtalálja a szövegében.**
**167쪽 'A 대화가 있는 텍스트'에서 아래 단어의 반의어를 찾아 적으시오!**

1) piszkos ⟷ ______

2) nyáron ⟷ ______

3) messze ⟷ ______

4) télen ⟷ ______

5) jól ment ⟷ ______

## 4. CSOPORTOSÍTÁS 단어분류하기

**Töltse ki a táblázatot! 도표를 채우시오! 아래 운동 종목을 구분하여 채워 넣으시오!**

| taekwondo | kézilabda | jóga |
|---|---|---|
| tollaslabda | vízilabda | fitnesz |
| úszás | vitorlázás | aerobik |
| vívás | korcsolya | sakk |
| tenisz | hódeszka | íjászat |
| asztalitenisz (pingpong) | jéghoki | |
| foci (labdarúgás, futball) | torna | |

| vízi sportok | csapatsportok | egyéni sportok |
|---|---|---|
| | | |
| | | |
| | | |
| | | |
| | | |
| | | |
| | | |
| | | |
| | | |
| | | |
| | | |
| | | |

## C2 SZÖVEGÉRTÉSI FELADATOK 본문 독해 문제

### 1. IGAZ/HAMIS 사실/거짓

**Olvassa el az olvasmányt! Igaz vagy hamis? Ha hamis, írja le a helyes mondatot! 167쪽 'A 대화가 있는 텍스트'를 읽고 내용의 진위 I/H(Igaz/Hamis)를 표시하고, 거짓인 경우에는 사실을 적으시오!**

1) Szumi és Bori focimeccset néznek. ( I / H )

______________________________

2) Szumi és Bori focimeccsen vannak. ( I / H )

______________________________

3) Szumi szeret úszni. ( I / H )

______________________________

4) Szumi és Bori filmekről beszélgetnek. ( I / H )

______________________________

5) Bori szeret sportolni. ( I / H )

______________________________

6) Magyarországon népszerűek a vízi sportok. ( I / H )

______________________________

7) Bori egy héten kétszer fut a parkban. ( I / H )

______________________________

## 2. FELELETVÁLASZTÓS TESZT 맞는 답 고르기

**1) Miről beszélgetnek a lányok?**

Ⓐ A sportról.
Ⓑ Az egyetemről.
Ⓒ A nyelvekről.
Ⓓ A fiúkról.

**2) Milyen lány Bori?**

Ⓐ Lusta.
Ⓑ Rendes.
Ⓒ Rendetlen.
Ⓓ Sportos.

**3) Milyen meccset néznek?**

Ⓐ Nem meccset, hanem autóversenyt néznek.
Ⓑ Nem lehet tudni.
Ⓒ Focimeccset.
Ⓓ Teniszmeccset.

**4) Hol nézik?**

Ⓐ A focipályán.
Ⓑ A teniszpályán.
Ⓒ A tévében.
Ⓓ A tornateremben.

**5) Hova akarnak együtt elmenni?**

Ⓐ Egy aerobikórára.
Ⓑ A színházba.
Ⓒ Egy táncházba.
Ⓓ A moziba.

## 3. KIEGÉSZÍTÉS 채워 넣기

**Illessze a megadott szavakat a kipontozott helyekre! 적합한 단어를 골라 빈칸을 채워 넣으시오!**

| nincs | úszni | kedvenc | időm |
|---|---|---|---|
| miatt | napozni | gyakran | teniszezni |

A tanulás 1)__________ sajnos 2)__________ sok időm sportolni. Nyáron 3)__________ járok. Nem szoktam 4)__________. A 5)__________ sportom a tenisz. Ha van 6)__________, akkor 7)__________ járok 8)__________.

# C3 | NYELVTANI FELADATOK 문법 문제

## 1. KIEGÉSZÍTÉS 채워 넣기

**Írja be az alábbi igéket a megfelelő alakban [!] az alábbi szövegbe! Ügyeljen az igei vonzatok helyes használatára! 괄호 안의 동사를 적합한 형태로 변형하여 빈칸에 적어 넣으시오! 동사 지배격 사용에 유의하시오!**

Csilla nagyon sportos lány. A barátjával, Milánnal sokat 1)(úszik, fut, lovagol) __________________. Jázmin nem szeret 2)(sportol)__________________, ő inkább 3)(táncol)__________________ jár. Te sokat 4)(mozog)__________________? Én jól 5)(teniszezik)__________________, de rosszul 6)(úszik)__________________.

A barátommal holnap 7)(fut)__________________ megyünk. 8)(Felfut)__________________ a hegyre, aztán 9)(lesétál)__________________. Kell egy kis mozgás.

## 2. KIEGÉSZÍTÉS 채워 넣기

**Írja be a megfelelő vonatkozó névmásokat a mondatokba!** 빈칸에 알맞은 관계대명사를 골라 넣어 문장을 완성하시오!

| abban | akkor | amelyik | amikor |
|---|---|---|---|
| amikor | amit | arról | |

1) Zoli ________________ beszél, hogy mit szeret sportolni.

2) Nem tudod, hol van a teniszütő, ________________ tegnap vettem?

3) Szerintem ________________ a szekrényben van, ________________ az ablak mellett áll.

4) Még nem esett az eső, ________________ elindultam.

5) Majd ________________ indulok haza, ________________ már elállt az eső.

## 3. KIEGÉSZÍTÉS 채워 넣기

**Írja be a megfelelő kötőszavakat a mondatokba!** 빈칸에 알맞은 접속사를 골라 넣어 문장을 완성하시오!

| de | mégis | mégsem | pedig | pedig |
|---|---|---|---|---|

1) Szeretek sportolni, ________________ nincs rá időm.

2) Minszu németül tud, Minho ________________ olaszul.

3) Még nem beszélem jól a nyelvet, ________________ sokat tanulok.

4) Csak egy kávét ittam, ________________ vagyok éhes.

5) Időben felkeltem, ________________ elkéstem.

## 4. MONDATALKOTÁS 문장 만들기

**Tegyen fel kérdéseket! Használhatja az alábbi kérdőszavakat!** 아래 의문사를 사용하여 의문문을 만드시오!

| *hány* | *hol* | *mennyibe* | *merre* |
|---|---|---|---|
| *miért* | *milyen* | *mikor* | *mit* |

1) Szerinted ____________________ sport a vízilabda?

2) ____________________ jössz már?

3) ____________________ jelent az, hogy dinamikus?

4) ____________________ van az uszoda?

5) ____________________ perc egy félidő a fociban?

6) ____________________ kezdődik a futballmeccs?

7) ____________________ van Forma-1 pálya Budapesten?

8) ____________________ szeretik a magyarok a lovassportokat?

9) ____________________ kerül egy jegy a bajnoki meccsre?

10) Tessék! ____________________ pizzát hozhatok?

## D AKTÍV NYELVHASZNÁLAT 능동적 언어구사

### 1. DIALÓGUSÉPÍTÉS 대화 구성하기

**Rakja sorba az alábbi mondatokat, hogy értelmes párbeszédet kapjon!** 의미 있는 대화가 가능하도록 아래 문장들의 순서를 배열하시오!

1) ________ → ________ → ________ → ________ → ________ → ________

a. Ma nincs rendelés, de holnap elmegyek.

b. Megvagyok, de a futballsérülés után még mindig nagyon fáj a lábam.

c. Szervusz Kata!

d. Szia Peti!

e. Hogy vagy?

f. Miért nem mész el az orvoshoz?

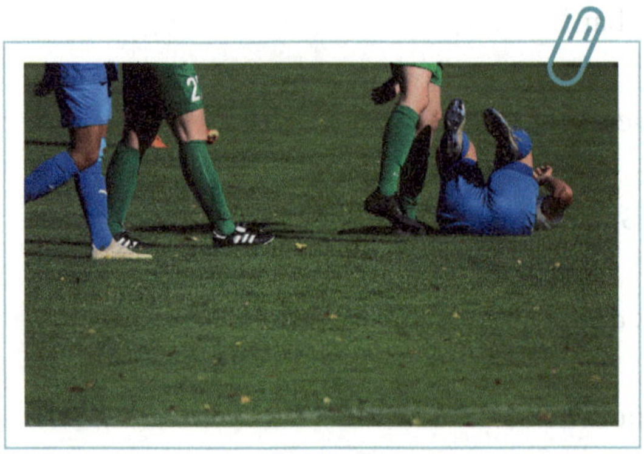

2) ________ → ________ → ________ → ________ → ________ → ________

a. Jó lesz, igen.

b. Kérsz valamit, amikor átmegyek?

c. Nagyszerű! Mikor jössz?

d. Ma délután átmegyek hozzád.

e. Délután háromkor, ha megfelel.

f. Igen, egy kis gyümölcs jó lenne. Alma vagy banán.

3) ________ → ________ → ________ → ________ → ________ → ________

a. Viszonthallásra!

b. Mi a cím?

c. Milyen pizzát kér?

d. Azonnal ott visszük. Viszonthallásra!

e. Egy sajtos-gombás pizzát.

f. Rákóczi utca 20., 3. emelet 4.

## 2. BESZÉLGETÉS 대화하기

**Kérdezze meg a párjától! 대화 상대에게 질문하시오!**

**1) Szoktál sportokat nézni a tévében?**

① igen ② nem ③ néha ④ gyakran

**2) Milyen sportokat nézel szívesen a tévében?**

① focit ② baseballt ③ vízilabdát ④ mást: ________

**3) Szoktad nézni az olimpiát?**

① igen ② nem ③ nem érdekel ④ néha

**4) Hány magyar sportolóról hallottál?**

① 0 ② 1–2 ③ 3–4 ④ 5 vagy több

**5) Te sportolsz valamit?**

① igen ② nem ③ nem, de szeretnék ④ nem érdekel a sport

## 3. KÉPLEÍRÁS 그림 설명하기

**Mesélje el, mit lát a képeken! Kik ezek? Milyenek? Mit csinálnak? Miért csinálják? 그림에 대해 설명하시오. 이들은 누구인가요? 어떤가요? 무엇을 하나요? 왜 하나요?**

Az első képen egy kisfiút látunk, aki

______________________________

______________________________

______________________________

__________ színű mez van rajta. Azt hiszem, szeret ______________________________.

A második képen ______________________________.

A ruhája __________ és __________ színű. A haja __________.

Tó vagy __________ partján __________ Nyár lehet, mert __________

______________________________.

A harmadik képen is nyár______________________________. A vízen sok __________ látunk. Melyik sport a legegészségesebb? Nekem a __________ tetszik a legjobban.

# E HALLÁS UTÁNI SZÖVEGÉRTÉS 듣기 연습

## E1 HANGANYAG 듣기 텍스트 1

### 1. FELELETVÁLASZTÓS TESZT 맞는 답 고르기

**Válaszoljon a hallott szövegre vonatkozó kérdésekre! 텍스트를 듣고 질문에 답하시오!**

**1) Milyen sport a futball?**

Ⓐ nagyszerű
Ⓑ népszerű
Ⓒ sportszerű
Ⓓ rugalmas

**2) Ki futballozhat?**

Ⓐ a labda
Ⓑ a gyerekek
Ⓒ akárki
Ⓓ a világ

**3) Milyen sport a foci?**

Ⓐ unalmas
Ⓑ rugalmas
Ⓒ nehéz
Ⓓ világhírű

**4) Milyen hatása van a futballnak?**

Ⓐ elgyengít
Ⓑ erősít
Ⓒ népszerű
Ⓓ labdajáték

**5) Miről szól leginkább a szöveg?**

Ⓐ a sportolás hatásáról
Ⓑ a gyerekekről
Ⓒ a lábról
Ⓓ a futballról

## 2. KIEGÉSZÍTÉS 채워 넣기

**A hallott szöveg alapján illessze be a szavakat a mondatokba!** 텍스트를 듣고 적합한 단어를 골라 문장에 채워 넣으시오!

| erősíti | focizhat | labdajáték | rúgni | játék |
|---|---|---|---|---|

A futball világszerte az egyik legnépszerűbb 1)____________________. Bárki 2)____________________, a gyerekek már egészen korán elkezdik 3)____________________ a labdát. Sok energiára van szükség 4)____________________ közben, de rugalmasságot ad, és 5)____________________ a lábakat.

### E2 | HANGANYAG 듣기 텍스트 2

## 1. FELELETVÁLASZTÓS TESZT 맞는 답 고르기

**Válaszoljon a hallott szövegre vonatkozó kérdésekre!** 텍스트를 듣고 질문에 답하시오!

**Hol beszélgetnek?**

Ⓐ az egyetemen
Ⓑ a színházban
Ⓒ egy étteremben
Ⓓ otthon

## E3 | HANGANYAG 듣기 텍스트 3

### FELELETVÁLASZTÓS TESZT 맞는 답 고르기

**Válaszoljon a hallott szövegre vonatkozó kérdésekre! 텍스트를 듣고 질문에 답하시오!**

**Hol hangzik el a párbeszéd?**

Ⓐ a boltban
Ⓑ az egyetemi előadáson
Ⓒ a futballmeccsen
Ⓓ a színház jegypénztárában

## E4 | HANGANYAG 듣기 텍스트 4

### FELELETVÁLASZTÓS TESZT 맞는 답 고르기

**Válaszoljon a hallott szövegre vonatkozó kérdésekre! 텍스트를 듣고 질문에 답하시오!**

**Mit szokott sportolni a férfi?**

Ⓐ utál
Ⓑ úszik
Ⓒ biliárdozik
Ⓓ ugrál

## E5 | HANGANYAG 듣기 텍스트 5

### FELELETVÁLASZTÓS TESZT 맞는 답 고르기

**Válaszoljon a hallott szövegre vonatkozó kérdésekre! 텍스트를 듣고 질문에 답하시오!**

**1) Hány éves a férfi?**

Ⓐ 32
Ⓑ huszonhét
Ⓒ 28
Ⓓ negyven

**2) Mit csinál a férfi?**

Ⓐ koreai
Ⓑ egy gyermek apja
Ⓒ edző
Ⓓ budapesti

lecke

# 9

# FODRÁSZNÁL

## 미장원에서

**학습목표**

1. 파생명사와 파생형용사의 접사들 익히기
2. 빈도를 나타내는 부사격 어미 -nként, -nta/-nte 익히기
3. 사동사 파생과 사동구문 익히기

1. 헝가리어로 시간 약속, 예약은 어떻게 하나요?
2. 미장원, 이발소 등 서비스 업종에서 사용되는 동사의 특징은 무엇일까요?
3. 빈도를 나타내는 격어미는 어떤 종류의 명사와 같이 쓰이나요?

## A OLVASMÁNY PÁRBESZÉDDEL 대화가 있는 텍스트

- Fodrászhoz kell mennem – mondta Bori. – A jövő héten lesz a névnapi bulim és jól akarok kinézni.
- Jöhetek én is? – kérdezte Szumi.
- Persze – felelte Bori. – Foglalok időpontot. Mikor érsz rá?
- Reggelente 10-ig... Fél tízig? Attól függ, hol van a fodrász.
- A belvárosban. Közel az egyetemhez – mondta Bori. – És este?
- Esténként csak 6-tól érek rá – felelte Szumi.
- Rendben. Máris telefonálok.

*

- Halló, tessék! Fodrászat.
- Jó napot kívánok! Időpontot szeretnék foglalni két fő részére.
- Délelőttre vagy délutánra?
- Inkább délelőttre.
- Szerdán reggel 7 óra megfelel?
- Igen.
- Milyen névre?
- Molnár Bori.
- Rendben. Várjuk önöket.
- Köszönöm. Viszonthallásra!
- Viszhall!

*

- Valami divatos frizurát szeretnék. Olyat, mint ezen a képen.
- Rendben. Akkor egy kicsit vágunk a végéből. Göndör legyen vagy hullámos?
- Inkább hullámos.
- Festést?
- Maradok az eredeti hajszínemnél.
- Rendben.

*

- Én a végéből szeretnék vágatni.
- Mennyit vágjunk le?

- Csak pár centit. És szeretnék frufrut is.
- Rendben. Milyen hosszú legyen?
- A szemöldökömig érjen. És szeretném befestetni.
- Milyen színűre?
- Aranybarnára.
- Rendben.

*

- Kész is vagyunk. Hogy tetszik?
- Nagyon szép lett. Szumi, te mit szólsz?
- Remek lett! Jól áll neked ez a frizura.

### Kozmetikusnál

- Arctisztítást szeretnék kérni.
- Tisztítás, radírozás és utána egy bőrnyugtató arcpakolás mehet?
- Igen, rendben. Ez így mennyi lesz?
- 4200 forint.
- Rendben.

*

- Fotózáshoz szeretnék sminket csináltatni.
- Milyen fotózás lesz?
- Igazolványkép.

## Szavak 단어

fodrász

névnap

kinéz valahogyan

időpont

ráér

valami függ valamitől

máris

fodrászat

X fő részére

megfelel valakinek valami

Viszonthallásra!

Viszhall!

göndör

legyen

hullámos

(haj)festés

marad

eredeti

hajszín

vágat

hajat vágat/ mosat/ festet

vág

frufru

szemöldök

ér

befestet

kozmetikus

arc

tisztítás

radírozás

bőr

nyugtató

arcpakolás

fotózás

smink

igazolványkép

# B NYELVTAN 문법

## I. 단어 파생법 Szóképzés

### 1. 동사에서 명사파생접사: -ás/-és

| | | |
|---|---|---|
| tanul | → | tanulás 공부 |
| tanít | → | tanítás 가르침 |
| előad | → | előadás 강의 |
| takarít | → | takarítás 청소 |
| fest | → | festés 염색 |
| ír | → | írás 글(쓰기) |
| olvas | → | olvasás 읽기, 독서 |
| tévét néz | → | tévénézés 텔레비전 시청 |
| számítógépezik | → | számítógépezés 컴퓨터하기 |
| netezik | → | netezés 인터넷하기 |
| chatel/csetel | → | chatelés/csetelés 채팅하기 |
| fotózik | → | fotózás 사진 촬영하기 |

## 2. 명사에서 형용사 파생접사: -s/-os/-es/-ös

| | | | | | |
|---|---|---|---|---|---|
| erő | → | erős 강한 | pénz | → | pénzes 돈의 |
| víz | → | vizes 젖은 | szín | → | színes 색깔이 있는 |
| vicc | → | vicces 재미있는, 웃기는 | hullám | → | hullámos 곱슬한 |
| írás | → | írásos 글로 된 | pötty | → | pöttyös 물방울 무늬의 |

- 어근 변이형: 형용사 파생접사 –s 앞에서 명사의 모음이 변한다.

| | | | | | |
|---|---|---|---|---|---|
| hó | → | havas 눈이 있는 | ló | → | lovas 말이 있는 |

- 의미 변이형: 명사의 의미와 파생형용사의 의미가 다르다.

| | | |
|---|---|---|
| ok 이유 | → | okos 똑똑한 |
| ügy 일, 사안 | → | ügyes 영리한 |
| kedv 기분 | → | kedves 사랑스런 |
| világ [fény] 세상 | → | világos 밝은 |
| tűz 불 | → | tüzes [temperamentumos / erős] 불같이 강한 |

## 3. 형용사 파생접사: -ú/-ű

- '..을 가진'의 의미를 나타내며, 반드시 형용사 수식어가 있는 명사와 결합한다.

| | | |
|---|---|---|
| jó kép | jóképű | 잘생긴 |
| kék szem | kék szemű | 파란 눈의 |
| fekete szem | fekete szemű | 검은 눈의 |
| barna haj | barna hajú | 갈색 머리의 |
| göndör haj | göndör hajú | 곱슬머리의 |
| nagy szakáll | nagy szakállú | 긴 구레나룻 수염이 있는 |

## II. 빈도 의미 부사격 어미: -nként와 -nta/-nte

**시간 개념 명사와 결합하여 빈도를 나타낸다.**

➋ -nként

percenként 분마다

óránként 시간마다

esténként 저녁마다

reggelenként 아침마다

évenként 마다

– Percenként felhív. = Minden percben felhív. 매 시간 전화하다.

– Ötpercenkét felhív. = Minden 5 percben felhív. 5분마다 전화하다.

– Félévenként fogorvoshoz megyek. 나는 반년에 한 번 치과에 간다.

➋ -nta/-nte **+ 횟수** egyszer, kétszer...

naponta 날마다

hetente 주마다

havonta 달마다

évente 해마다

– Évente kétszer megyek fogorvoshoz. = Minden évben kétszer megyek fogorvoshoz.
나는 일 년에 두 번 치과의사에게 간다.

– Naponta hatszor felhív. = Egy nap alatt hat alkalommal felhív.
그는 나에게 하루에 여섯 번 전화한다.

- Kéthetente táncházba szoktunk menni.
우리는 2주에 한 번 춤추러 가곤 한다.

## III. 존재동사 van과 lesz의 과거형

● 존재동사 van의 과거형과 미래 존재동사 lesz의 과거형 비교

| | 과거 | 현재 | 미래 | lesz'되다'의 과거형 |
|---|---|---|---|---|
| Sg. 1. | voltam | vagyok | leszek | lettem |
| Sg. 2. | voltál | vagy | leszel | lettél |
| Sg. 3. | volt | van | lesz | lett |
| Pl. 1. | voltunk | vagyunk | leszünk | lettünk |
| Pl. 2. | voltatok | vagytok | lesztek | lettetek |
| Pl. 3. | voltak | vannak | lesznek | lettek |

| | |
|---|---|
| Öt éve még gimnazista *voltam*. | 나는 오 년 전에는 아직 고등학생이었다. |
| Most egyetemista *vagyok*. | 나는 지금은 대학생이다. |
| Ha végzek az egyetemen, tanár *leszek*. | 나는 대학을 졸업하면 교사가 될 것이다. |
| Nagyon örültem, amikor egyetemista *lettem*. | 나는 대학생이 되었을 때 매우 기뻤다. |

## IV. 사동의 파생접사: -at/-et, -tat/-tet

● 동사 동작을 주어가 아닌 다른 사람에게 시키는 동사를 사동사라 한다. 파생접사 -at/-et, -tat/-tet를 사용하여 표현하는데, 이때 동작을 수행하는 주체는 격어미 -val/-vel 을 취하게 된다.

| | |
|---|---|
| Csináltat valamit valakivel. | 다른 사람으로 하여금 하게 하다. |
| *A diák megírja a házi feladatot.* | 학생이 숙제를 합니다. |
| *A tanár megíratja a házi feladatot a diákkal.* | 교수는 학생에게 숙제를 시킵니다/하게 합니다. |
| *A tanár angolt tanít.* | 교수는 영어를 가르칩니다. |
| *A szülő angolra taníttatja a gyermekét.* | 부모는 아이에게 영어를 가르치게 합니다. |

## 1. 1음절 동사에는 -at/-et :

| | | | | | |
|---|---|---|---|---|---|
| vág | → | vágat | mos | → | mosat |
| fest | → | festet | rak | → | rakat |
| küld, rak | → | rakat, küldet | | | |

ó, ő 로 끝나는 동사의 어간: löv-, szöv-

| | | | | | |
|---|---|---|---|---|---|
| lő | → | lövet | sző | → | szövet |

## 2. 다음절 동사에는 -tat/-tet :

| | | | | | |
|---|---|---|---|---|---|
| vasal | → | vasaltat | ellenőriz | → | ellenőriztet |

불규칙 동사 *tesz, vesz, visz, iszik*의 사동형

| | | | | | |
|---|---|---|---|---|---|
| tesz | → | tetet | vesz | → | vetet |
| visz | → | vitet | iszik | → | itat |
| alszik | → | altat | | | |

## 3. 사동사의 사용: 서비스 업종 szolgáltatások

fodrász(nál): 미용사 (미장원에서)

- *Megcsináltatom* a frizurám.
  나는 (미장원에서) 머리를 한다.
- Milyen frizurát *csináltatsz* a fodrásszal?
  너는 미용사에게 어떤 헤어스타일을 해달라고 할래?
- Elmegyek a fodrászhoz és *levágatom/ befestetem* a hajamat.
  나는 미장원에 가서 머리를 자르고 염색을 한다.
- Tartós hullámot *rakatok/tetetek* a hajamba.
  나는 머리에 파마를 한다.

manikűrös(nél): 매니큐어사 (매니큐어점에서)

- *Manikűröztet*
  그는 매니큐어 받는다.
- Műkörmöt *csináltat* a manikűrössel.
  그는 매니큐어사로 하여금 가짜 손톱을 붙이게 한다.

asztalos(sal): 목수

- *Megcsináltatom* az ablakokat az asztalossal.
  나는 목수에게 창문을 달게 할 것이다.

# C GYAKORLATOK 연습문제

## C1 SZÓKINCSGYAKORLATOK 어휘 연습

### 1. KIEGÉSZÍTÉS 채워 넣기

**Írja be a hiányzó betűket!** 빈칸에 알맞은 글자를 넣어 단어를 만드시오!

1) reg_____en_____

2) f_____gl_____

3) g_____nd_____r

4) fr_____fr_____

5) est_____k_____

6) n_____vn_____p

7) hu_____á_____o_____

8) szem_____ld_____k

### 2. SZINONIMÁK 유의어

**Milyen hasonló szavakat talál a szövegben? Milyen más hasonló szavakat ismer? Adja meg a szó szinonimáját!** 187쪽 'A 대화가 있는 텍스트'에서 다음 단어의 유의어를 찾아 적으시오!

1) városközpont, a város belső/központi része ≈ __________

2) jó az időpont ≈ __________

3) (ekkor/akkor) szabad vagyok ≈ __________

4) nem ő, hanem egy másik ember festi be az ő haját ≈ __________

5) fényképezés ≈ __________

## 3. ELLENTÉTEK 반의어

**Mi az ellentéte a következő szavaknak, kifejezéseknek? A szavakat megtalálja a szövegében.**
**187쪽 'A 대화가 있는 텍스트'에서 다음 단어의 반의어를 찾아 적으시오!**

1) hosszú haj ⟷ ________________

2) távol valamitől ⟷ ________________

3) rosszul néz ki ⟷ ________________

4) nem áll jól neked ⟷ ________________

## 4. TÁBLÁZAT 도표

**Töltsd ki a táblázatot! 도표를 채우시오!**

| | | | | |
|---|---|---|---|---|
| arckrém | barna | egyenes | fekete | göndör |
| hosszú | ősz | pattanásos | ráncos | rövid |
| rúzs | sima | száraz | szemceruza | szempillaspirál |
| vörös | zsíros | | | |

| | | | | | |
|---|---|---|---|---|---|
| hajszínek | szőke | | | | |
| hajforma | hullámos | | | | |
| kozmetikumok | púder | | | | |
| bőrtípus | normál | | | | |

## C2 | SZÖVEGÉRTÉSI FELADATOK 본문 독해 문제

### 1. IGAZ/HAMIS 사실/거짓

**Olvassa el a *Fodrásznál* című szöveget! Igaz vagy hamis? Ha hamis, írja le a helyes mondatot!**
**187쪽 'A 대화가 있는 텍스트'를 읽고 내용의 진위 I/H(Igaz/Hamis)를 표시하고, 거짓인 경우에는 사실을 적으시오!**

1) Szuminak névnapja lesz. ( I / H ) ______________________

2) Szumi nem ér rá reggel. ( I / H ) ______________________

3) Bori felhívja a fodrászatot. ( I / H ) ______________________

4) Szumi időpontot foglal. ( I / H ) ______________________

5) Bori szőkére festeti a haját. ( I / H ) ______________________

6) Szumi frufrut szeretne. ( I / H ) ______________________

## 2. FELELETVÁLASZTÓS TESZT 맞는 답 고르기

**1) Hova kell Borinak mennie?**

Ⓐ Egyetemre.
Ⓑ Kozmetikushoz.
Ⓒ Fodrászhoz.
Ⓓ A postára.

**2) Hogyan foglal időpontot?**

Ⓐ A neten foglal.
Ⓑ Elmegy a fodrászhoz, és úgy.
Ⓒ Nincs szabad időpont, nem tud foglalni.
Ⓓ Telefonon.

**3) Mikorra kapnak időpontot?**

Ⓐ Reggelre.
Ⓑ Délelőttre.
Ⓒ Délutánra.
Ⓓ Estére.

**4) Milyen frizurát akar Bori?**

Ⓐ Divatos szőkét.
Ⓑ Egyenes barna hajat.
Ⓒ Divatos hullámos hajat.
Ⓓ Fekete göndör frizurát.

**5) Milyen frizurát akar Szumi?**

Ⓐ Divatosat.
Ⓑ Frufrut és aranybarna hajat szeretne.
Ⓒ Hullámos fekete hajat szeretne.
Ⓓ Szőke, göndör hajat.

## 3. KIEGÉSZÍTÉS 채워 넣기

**Illessze a megadott szavakat a kipontozott helyekre! 주어진 단어들을 빈칸에 골라 넣으시오!**

Borinak 1)____________________ lesz a 2)____________________ héten. Fodrászhoz 3)________________ menni. Telefonon 4)________________ időpontot. A fodrászat a 5)________________ van, nincs 6)________________ az egyetemtől.

| | | |
|---|---|---|
| Ⓐ akar | Ⓒ foglal | Ⓔ jövő |
| Ⓑ belvárosban | Ⓓ névnapja | Ⓕ messze |

## C3 | NYELVTANI FELADATOK 문법 문제

## 1. KIEGÉSZÍTÉS 채워 넣기

**Pótolja a hiányzó végződéseket! 빈칸에 알맞은 어미를 넣어 문장을 완성하시오!**

1) Van szabad időpont________[Önök] péntek________?

2) Szombaton nem ér________[én] rá.

3) Mit szól a vasárnap 2 órá________?

4) Szőke hajszínt szeretn________[én].

5) Nagyon jól áll ________[ön+nek] ez a hajszín.

6) Nagyon jól áll ________[te+nek] ez a hajszín.

## 2. KIEGÉSZÍTÉS 채워 넣기

**Írja be az alábbi igéket a megfelelő alakban [!] az alábbi szövegbe! Ügyeljen az igei vonzatok helyes használatára! 다음 동사를 적합한 형태로 변형하여 텍스트에 적어 넣으시오! 동사 지배격 사용에 유의하시오!**

| megy | vizsgázik | vesz | hoz |
|---|---|---|---|
| csinál | akar | utazik | kell |
| tanul | vásárol | készít | vesz |

Fodrászhoz kell 1)____________, nagyon csúnya már a hajam. Aztán kell 2)____________ egy új profilképet, ami kint van, az már túl régi. 3)____________ is kell, a jövő héten 4)____________. Jól 5)____________ vizsgázni. A hétvégén el kell mennem 6)____________, mert nincs itthon semmi ennivaló. 7)____________ kell: rizst, tejet, ramyont és pirospaprikát. Haza is kell 8)____________, anyukám kimcsit 9)____________, 10)____________ kell belőle a kollégiumba. Gyümölcs is 11)____________, talán mandarint 12)____________.

## 3. CSOPORTOSÍTÁS 단어 분류하기

**Csoportosítsa az alábbi igéket aszerint, hogy melyik műveltető képző kapcsolódhat hozzájuk!** 다음 동사를 결합 가능한 사동 파생접사 형태에 따라 분류하시오!

| ~~csinál~~ | dolgozik | elénekel | főz |
|---|---|---|---|
| hoz | kéret | kifizet | mér |
| süt | szed | | |

| -at/-et | -tat/-tet |
|---|---|
| | csináltat |
| | |
| | |
| | |
| | |

## 4. MONDATALKOTÁS 문장 만들기

**Milyen feladatokat végeztet el az igazgató az asszisztensével? Írjon mondatokat az alábbi igékből képzett műveltető alakok felhasználásával!** 사장은 비서에게 무슨 일을 시키나요? 아래 동사의 사동형을 사용하여 문장을 만드시오!

» Pl. Legépel → Legépeltet néhány levelet.

1) Lemásol ______________________ a fájlokat.

2) Főz ______________________ vele egy kávét.

3) Elkészít ______________________ az anyagokat.

4) Behív ______________________ vele a vendéget.

5) Elküld ______________________ vele a leveleket.

## 5. MONDATALKOTÁS 문장 만들기

**Szolgáltatók és szolgáltatások. Kivel mit csináltatunk? Alkosson műveltető mondatokat!**
**서비스 제공자와 서비스. 누구에게 무슨 일을 시킬 수 있나요? 사동 문장을 만드시오!**

» Pl. fodrász: levágja a hajunkat → A fodrásszal levágatjuk a hajunkat.

1) fodrász: megcsinálja a frizuránkat → A fodrásszal ____________ a frizuránkat.

2) fodrász: befesti a hajunkat → A fodrásszal ____________ a hajunkat.

3) szerelő: megjavítja az autónkat → A szerelővel ____________.

4) borbély: levágja a szakállunkat → ____________

5) angoltanár: angolra tanítja a gyereket → ____________

6) tolmács: idegen nyelvről tolmácsol → ____________

## 6. MONDATALKOTÁS 문장 만들기

**Mit csináltat meg a lakásán, házán, ha alkalma/ elég pénze lesz? Alkosson műveltető mondatokat! 당신에게 충분한 돈이 있다면 집에 무엇을 손보겠습니까? 사동 문장을 만드시오!**

» Pl. fúj tetőt csináltat a házra → Ha lesz elég pénzem, csináltatok egy új tetőt a házra.

1) szobákat kifest → Ha lesz elég pénzem, ____________ a szobákat.

2) bútort lecserél → Ha lesz elég pénzem, ____________ a bútort.

3) fürdőszobát felújít → Ha lesz elég pénzem, ____________ a fürdőszobát.

4) ablakokat kicserél → Ha lesz elég pénzem, ____________ az ablakokat.

5) kerítést kicserél → Ha lesz elég pénzem, ____________ a kerítést.

# D AKTÍV NYELVHASZNÁLAT 능동적 언어구사

## 1. DIALÓGUSÉPÍTÉS 대화 구성하기

**Rakja sorba az alábbi mondatokat, hogy értelmes párbeszédet kapjon! 의미 있는 대화가 가능하도록 아래 문장들의 순서를 배열하시오!**

1) ________ → ________ → ________ → ________ → ________

a. Te mit kérsz?

b. Én egy hosszú kávét kérek. És te?

c. Nagyon álmos vagyok. Innom kell egy kávét.

d. Én egy dupla eszpresszót. Fel akarok ébredni.

e. Lemegyek veled a büfébe. Nekem is innom kell valamit.

2) ________ → ________ → ________ → ________ → ________ → ________

a. Könyv.

b. Jó, de mennyi?!

c. El kell mennem a postára.

d. Segítesz vinni ezt a csomagot?

e. Persze. Hű, de nehéz! Mi van benne?

f. Én is jövök. Nekem is el kell mennem.

3) ______ → ______ → ______ → ______ → ______ → ______ → ______ → ______

a. Nem. Simán.

b. Az 18.100 forint lesz.

c. A Koreai Köztársaság.

d. Rendben. Hm, ez 5 kiló. Elsőbbségivel?

e. Dél-Korea? Az melyik ország?

f. Bocsánat, nem értem a kérdést.

g. Dél-Koreába szeretném küldeni ezt a csomagot.

h. Nálunk nincs Dél-Korea vagy Észak-Korea, csak Koreai Köztársaság meg Koreai Népi Demokratikus Köztársaság. Melyik lesz az?

4) ______ → ______ → ______ → ______ → ______

a. Koreai wonra: KRW.

b. Az sajnos nincs nálunk.

c. Jó napot! Milyen valutára?

d. Jó napot! Pénzt szeretnék váltatni.

e. Akkor euróra vagy amerikai dollárra.

## 2. PÁRBESZÉD 대화

**Alkosson kérdéseket és kérdezze meg a párjától! 의문문을 만들어서 대화 상대에게 질문하시오!**

1) Te milyen gyakran jársz fodrászhoz?

① kéthetente ② havonta ③ évente ④ nem járok fodrászhoz

2) Szoktál kozmetikushoz járni? Milyen gyakran?

① kéthetente ② havonta ③ évente ④ nem járok kozmetikushoz

3) Befestetted valamikor a hajadat? Milyen színre?

① szőkére ② barnára ③ más színre ④ Még nem festettem be.

4) Szoktál divatlapokat olvasni? Milyen gyakran?

① naponta ② hetente ③ havonta ④ Nem olvasok divatlapot.

# E HALLÁS UTÁNI SZÖVEGÉRTÉS 듣기 연습

## E1 | HANGANYAG 듣기 텍스트 1

### 1. FELELETVÁLASZTÓS TESZT 맞는 답 고르기

**Válaszoljon a hallott szövegre vonatkozó kérdésekre! 텍스트를 듣고 질문에 답하시오!**

**1) Milyen színű haja van Mikinek?**

Ⓐ szőke
Ⓑ barna
Ⓒ fekete
Ⓓ vörös

**2) Milyen hosszú a haja?**

Ⓐ félhosszú
Ⓑ Nem tudni.
Ⓒ rövid
Ⓓ hosszú

**3) Milyen színű haja van Zsófinak?**

Ⓐ szőke
Ⓑ barna
Ⓒ fekete
Ⓓ vörös

**4) Milyen színű most Szumi haja?**

Ⓐ szőke
Ⓑ barna
Ⓒ fekete
Ⓓ vörös

**5) Milyen haja van Zsófinak kislánykora óta?**

Ⓐ egyenes
Ⓑ göndör
Ⓒ hullámos
Ⓓ sima

## 2. KIEGÉSZÍTÉS 채워 넣기

**A hallott szöveg alapján illessze be a szavakat a mondatokba!** 텍스트를 듣고 적합한 단어를 골라 문장에 채워 넣으시오!

| rövid | barna | szőke | frufrut |
|---|---|---|---|
| hosszú | aranybarna | göndör | hosszú |

Miki 23 éves magyar fiú. A haja 1)______________, 2)sötét______________. A gimnáziumban még 3)______________ hajat hordott. Szuminak most 4)______________ színű haja van és 5)______________ visel. Zsófinak kislánykora óta 6)______________, 7)______________, 8)______________ haja van.

## E2 HANGANYAG 듣기 텍스트 2

### 1. FELELETVÁLASZTÓS TESZT 맞는 답 고르기

**Válaszoljon a hallott szövegre vonatkozó kérdésekre! 텍스트를 듣고 질문에 답하시오!**

**1) Hol beszélgetnek?**

Ⓐ A boltban.
Ⓑ A postán.
Ⓒ A könyvtárban.
Ⓓ A bankban.

**2) Dél-Koreának mi a hivatalos neve a Magyar Postánál?**

Ⓐ Dél-Korea.
Ⓑ Észak-Korea.
Ⓒ Koreai Köztársaság.
Ⓓ Koreai Népi Demokratikus Köztársaság.

**3) Milyen gyorsan fog megérkezni a levél?**

Ⓐ Nagyon gyorsan, mert elsőbbségivel kérte.
Ⓑ Nagyon lassan, mert simán kérte.
Ⓒ Az attól függ.
Ⓓ Talán egy hónap alatt.

**4) Mennyit kell fizetnie?**

Ⓐ 600 forintot.
Ⓑ 60 forintot.
Ⓒ 6000 forintot.
Ⓓ 60000 forintot.

**5) Hogyan fizet?**

Ⓐ Készpénzzel.
Ⓑ Kártyával.
Ⓒ Kuponnal.
Ⓓ Nem tudni.

## 2. KIEGÉSZÍTÉS 채워 넣기

**A hallott szöveg alapján illessze be a szavakat a mondatokba! Vannak olyanok, melyek nem oda valók! 텍스트를 듣고 적합한 단어를 골라 문장에 채워 넣으시오!**

| | | |
|---|---|---|
| küldeni | Koreai Köztársaságnak | fizetni |
| küldenie | Koreai Népi Demokratikus Köztársaságnak | fizetnie |
| Nem tudjuk | Tudjuk | |

Szumi képeslapot akar [1]____________ a családjának. A postán [2]____________ hívják Dél-Koreát. Szuminak hatszáz forintot kell [3]____________. [4]____________, hogy készpénzzel vagy kártyával fizet-e.

MEMO

lecke

# 10

# KELLEMES ÜNNEPEKET!

## 즐거운 축일을!

**학습목표**

1. 전철동사가 있는 문장의 어순 익히기
2. 복수명사의 소유인칭 변화형 익히기
3. 후치사의 삼원체계 익히기

1. 동사전철이 있는 동사와 전철이 없는 동사의 차이는 무엇인가요?
2. 복수명사의 소유자 표시는 어떻게 하나요?
3. 부사격 어미와 같이 '이탈, 정지, 지향'의 삼원체계를 갖는 후치사는 무엇인가요?

## A OLVASMÁNY PÁRBESZÉDDEL 대화가 있는 텍스트

Tél volt. December hatodika. Reggel Szumi egy kis piros csomagot talált a csizmájában.

- Mi ez? – kérdezte.
- Ajándék – felelte Bori. Majd hozzátette: – Itt járt a Mikulás!
- Ki járt és hol?
- Hát itt járt! A Mikulás – mondta Bori. Majd megkérdezte: – Tudod, ki az a Mikulás?
- Nem tudom – felelte Szumi. – Ki az a Mikulás? És mi van a csomagban?
- A csomagban csokoládé, mogyoró és alma van. A Mikulás hozta.
- Nem ismerem őt. Miért ad nekem ajándékot?
- A Miklulást mindenki ismeri – magyarázta Bori. – Te is. Csak nem ezen a néven. A Mikulás mindenkinek hoz ajándékot, aki az előző évben jó volt. Te jó voltál, ezért kaptál ajándékot.
- Te is kaptál ajándékot? Nem látom.
- Az én Mikulásom később jár – mosolygott Bori. – Gyere! Útközben elmesélem, ki is az a Mikulás! Piros ruhájú, nagy szakállú öreg bácsi. Lappföldön él, repülő szánját rénszarvasok húzzák, és minden jó gyereknek ajándékot ad.

*

- Hát nem karácsonykor jön el a Mikulás a gyerekekhez? – kérdezte Szumi.
- Sok európai országban, például Hollandiában, Belgiumban és Közép-Európa országaiban december 6-án érkezik meg a Mikulás. Németország déli részén, Ausztriában, Csehországban, Szlovákiában, Lengyelországban, Magyarországon és Erdélyben karácsonykor nem a Mikulás, hanem a Kis Jézus vagy az Angyalka hozza az ajándékokat. A karácsonyfa alá teszi le őket. A családok a karácsonyi vacsorán halat és diós, mákos kalácsot, bejglit esznek. A karácsonyfa díszekkel, égőkkel, szaloncukorral és habkarikával van feldíszítve. Te hol töltöd a karácsonyt?
- Itt, a kollégiumban – válaszolta Szumi.
- Egyedül?
- Igen.
- Gyere inkább el hozzánk! – javasolta Bori.
- Köszönöm, de nem akarok zavarni.
- Nem zavarnál. A szüleim örülnek a vendégeknek.
- Akkor elmegyek. Köszönöm szépen a meghívást – Így köszönte meg Szumi a meghívást, és így hívta meg Bori Szumit karácsonyra vendégségbe.

*

## A napirendem

Reggel felkelek. Megmosakszom, megreggelizek, aztán megmosom a fogamat. Felöltözöm és elindulok az egyetemre. A megállóban felszállok a buszra, ha van hely, leülök. Leszállás előtt felállok, odamegyek az ajtóhoz. Jelzek a gombbal. Amikor a busz megállt, és kinyílt az ajtó, leszállok. Besétálok az egyetemre. Belépek a kapun, felmegyek a lépcsőn a tanteremhez. Belépek az ajtón, leülök a padba. Előveszem a táskámból a tollamat és a füzetemet, kiteszem őket magam elé a padra. Előveszem a telefonomat is, megnézem az üzeneteket. Aztán lenémítom a telefonomat. Bejön a tanár és elkezdődik az óra. Órák után elmegyek a büfébe, eszem és iszom valamit. Beszélgetek az ismerőseimmel. Délben az egyetemi menzán ebédelek. Délután is óráim vannak. Este, az órák után visszaindulok a kollégiumba. Megtanulom a leckémet, megvacsorázom, megfürdök, aztán lefekszem aludni. Ez így nem hangzik túl érdekesen, de azért jól érzem itt magam.

## Szavak 단어

csizma

hozzátesz (mond) valamit

Mikulás

mogyoró

előző

útközben

nagy szakállú (akinek nagy szakálla van)

nagy szakállú, öreg Mikulás

Lappföld

szán

rénszarvas

Erdély

Jézus

angyal

angyalka

dió

mák

kalács

bejgli

karácsonyfadísz

szaloncukor

habkarika

feldíszít valamit valamivel

köszön valamit

megköszön valamit

# B NYELVTAN 문법

## I. 동사전철 Az igekötő

- 동사전철은 동사의 의미를 변화시킨다.
- 동사 동작의 방향 표시: **ki-, be-, el-, fel-, le-, meg-, vissza-, alá-, mellé-, hozzá-, stb.**
- 동사 동작의 진행과 완료 표시: **meg, el**
- 동사전철이 없는 동사는 진행 또는 미완를 의미하며, 동사전철이 있는 동사는 동작의 완료를 표현한다.

| | |
|---|---|
| Olvasok egy könyvet. | 나는 책을 읽고 있다. |
| Elolvasok egy könyvet. | 나는 책을 다 읽을 것이다. |
| El fogok olvasni egy könyvet. | 나는 책을 꼭 다 읽을 것이다. |

### 1. 동사전철의 위치

- 동사 앞에서는 한 단어로 붙여서 쓴다: **meg***tanul*, **be***ad*, **el***küld*.

• 조동사 *kell, fog, szabad* 는 동사전철과 동사 사이에 놓인다:

| | |
|---|---|
| *meg kell tanulni* | 완전히 공부해야 한다. |
| *el fogom olvasni* | 나는 다 읽을 것이다. |
| *meg szabad enni* | 다 먹어도 된다. |

• 첨사 „is" 가 동사전철에 있으면  동사 앞에 놓인다.:

| | |
|---|---|
| *Már el is mégy?* | 너 벌써 가니? |
| *Már meg is jöttél?* | 너 또 왔니? |
| *Már meg is ebédeltem.* | 나는 벌써 점심 먹었어. |
| *Már meg is tanultam a leckét.* | 나는 그 단원을 다 공부했어. |
| *Már be is fejeztem a munkát.* | 나는 벌써 일을 다 끝냈어. |

**2.** **초점이 있는 문장에서 초점은 본동사 앞에 위치하므로 동사전철은 동사의 뒤로 이동한다.:**

*Mit tanulsz meg? – A leckét. A leckét tanulom meg.*
너 뭐 공부하니? 그 단원을 공부하고 있어.

*Melyiket veszed meg? – A pöttyöset. A pöttyöset veszem meg.*
너 어느 것을 살 거니? 물방울 무늬 있는 것을 살래.

**3.** **동사에 „is"가 결합하면 동사전철은 동사 뒤로 이동한다.**

– *Már megyek is haza.* 나는 집에 곧 갈 거야.

– *Már megyek is be az egyetemre.* 나는 대학에 곧 들어갈 거야.

## II. 복수명사의 소유 표현 소유의 복수기호 -i

- 단수명사의 3인칭단수 소유형 + 소유의 복수기호 -i + 소유인칭기호(Px)

| | 인칭 | | 소유물 | | | | | |
|---|---|---|---|---|---|---|---|---|
| | | | 단수 | | | 복수 | | |
| 소유자 | 단수 | 1 | fiam | lányom | gyerekem | fiaim | lányaim | gyerekeim |
| | | 2 | fiad | lányod | gyereked | fiaid | lányaid | gyerekeid |
| | | 3 | fia | lánya | gyereke | fiai | lányai | gyerekei |
| | 복수 | 1 | fiunk | lányunk | gyerekünk | fiaink | lányaink | gyerekeink |
| | | 2 | fiatok | lányotok | gyereketek | fiaitok | lányaitok | gyerekeitek |
| | | 3 | fiuk | lányuk | gyerekük | fiaik | lányaik | gyerekeik |

- 복수 소유물 기호 -i- 뒤에 소유자 인칭기호 (Px)가 오고, 그 다음에 다양한 격어미 또는 후치사가 결합된다:

*lányaimnak* 나의 딸들에게 *országaiban* 그의 나라들에서는

*szüleim nélkül* 나의 부모님 없이 *testvéreim miatt* 나의 형제들 때문에

## III. 후치사와 삼원체계 A névutók és az irányhármasság

운동 방향에 따른 삼원체계는 부사격 어미뿐만 아니라 후치사에도 존재한다.

| Honnan jön a puli? 이탈 | Hol van a puli? 정지 | Hová megy a puli? 지향 |
|---|---|---|
|  |  |  |
| a ház elől 집 앞으로부터 | a ház előtt 집 앞에 | a ház elé 집 앞으로 |

| | | |
|---|---|---|
| mögül 뒤로부터 | mögött 뒤에 | mögé 뒤로 |
| alól 아래로부터 | alatt 아래에 | alá 아래로 |
| fölül 위로부터 | fölött 위에 | fölé 위로 |
| mellől 옆으로부터 | mellett 옆에 | mellé 옆으로 |

## IV. 방향 의미를 나타내지 않는 후치사: *nélkül, miatt, ellen.*

### nélkül 없이

| | |
|---|---|
| *Kanál nélkül* eszem a spagettit. | 나는 스파게티를 숟가락 없이 먹는다. |
| *Cukor nélkül* kérem a kávét. | 나는 커피를 설탕 없이 주세요. |
| Nehéz *a szüleim és a testvéreim nélkül.* | 부모님과 형제 없이는 어렵다. |

### miatt 때문에

*A dugó miatt* késtem el az óráról.
나는 교통체증 때문에 수업에 지각했다.

*A barátaim miatt* járok bulizni.
나는 친구들 때문에 파티에 다닌다.

*A magyarországi ösztöndíjam miatt* kaptam meg az állást.
나는 헝가리 장학금 때문에 일자리를 얻었다.

### ellen 에 반하여

*Köhögés ellen* hársfateát szoktam inni.
나는 기침에는 보통 보리수차를 마신다.

*Megfázás ellen* mézes teát iszom és fokhagymás pirítóst eszem.
나는 감기에는 꿀차를 마시고, 마늘빵 토스트를 먹는다.

*Fáradtság ellen* legjobb pihenni.
피로에는 쉬는 것이 가장 좋다.

# C GYAKORLATOK 연습문제

## C1 SZÓKINCSGYAKORLATOK 어휘 연습

### 1. KIEGÉSZÍTÉS 채워 넣기

**Írja be a hiányzó betűket!** 빈칸에 알맞은 글자를 넣어 단어를 만드시오!

1) kar____cso____

2) kiny____lik

3) lesz____ll

4) bes____t____l

5) Len____e____or____á____

6) bel____p

7) felm____g____

8) len____m____t

### 2. SZINONIMÁK 유의어

**Milyen hasonló szavakat talál a szövegben? Milyen más hasonló szavakat ismer? Adja meg a szó szinonimáját!** 213쪽 'A 대화가 있는 텍스트'에서 다음 단어의 유의어를 찾아 적으시오!

1) ajándékot hozott a Mikulás ≈ ____________________

2) nagy szakálla van ≈ ____________________

3) kiveszi a telefonját a táskájából ≈ ____________________

4) ebédet eszik ≈ ____________________

5) vacsorát eszik ≈ ____________________

6) jól vagyok (itt) ≈ ____________________

## 3. ELLENTÉTEK 반의어

**Mi az ellentéte a következő szavaknak, kifejezéseknek? A szavakat megtalálja a szövegében.**
**213쪽 'A 대화가 있는 텍스트'에서 다음 단어의 반의어를 찾아 적으시오!**

1) felkel ⟷ ______________________

2) felszáll ⟷ ______________________

3) elindul (a busz) ⟷ ______________________

4) kap ⟷ ______________________

5) felhangosít ⟷ ______________________

## C2 | SZÖVEGÉRTÉSI FELADATOK 본문 독해 문제

## 1. IGAZ/HAMIS 사실/거짓

**Olvassa el a *Kellemes ünnepeket*! című szöveget! Igaz vagy hamis? Ha hamis, írja le a helyes mondatot! 213쪽 'A 대화가 있는 텍스트'를 읽고 내용의 진위 I/H(Igaz/Hamis)를 표시하고, 거짓인 경우에는 사실을 적으시오!**

1) Szumi egy mikuláscsomagot kapott. ( I / H ) ______________________

2) A Mikulás december 25-én jár. ( I / H ) ______________________

3) Bogi meghívta Szumit karácsonyra. ( I / H ) ______________________

4) Szumi reggel nem mos fogat. ( I / H ) ______________________

5) Szumi busszal megy az egyetemre. ( I / H ) ______________________

6) Szumi otthon ebédel. ( I / H ) ______________________

## 2. FELELETVÁLASZTÓS TESZT 맞는 답 고르기

**1) Mit talált Szumi a csizmájában?**

Ⓐ Egy egeret.
Ⓑ Egy tollat.
Ⓒ Egy mikuláscsomagot.
Ⓓ Egy zoknit.

**2) Mi van a csomagban?**

Ⓐ Könyv.
Ⓑ Parfüm.
Ⓒ Csokoládé, dió, mogyoró és alma.
Ⓓ Csoki, cukorka és banán.

**3) Hova hívta Bori Szumit?**

Ⓐ A szüleihez karácsonyra.
Ⓑ A büfébe egy kávéra.
Ⓒ Egy szilveszteri buliba.
Ⓓ A templomba misére.

**4) Hol reggelizik Szumi?**

Ⓐ A kollégiumban.
Ⓑ Az egyetemen a büfében.
Ⓒ Egy étteremben.
Ⓓ Órán.

**5) Mikor vannak Szuminak órái?**

Ⓐ Csak délelőtt vannak órái.
Ⓑ Csak délután vannak órái.
Ⓒ Egész nap órái vannak.
Ⓓ Reggel és este vannak órái.

## 3. KIEGÉSZÍTÉS 채워 넣기

**Illessze a megadott szavakat a kipontozott helyekre! 적합한 단어를 골라 빈칸을 채워 넣으시오!**

Egyik nap, 1)____________ reggel Szumi egy mikuláscsomagot talált a csizmájában. A szobatársától, Boritól 2)____________. Magyarországon 3)____________ jár a Mikulás. A karácsonyt az emberek a 4)____________ töltik. A karácsonyi nagy 5)____________ vacsorán halat esznek. Bori 6)____________ Szumit karácsonyra.

| | | |
|---|---|---|
| Ⓐ nem december 25-én | Ⓒ családi | Ⓔ meghívta |
| Ⓑ december 6-án | Ⓓ kapta | Ⓕ családjukkal |

## C3 | NYELVTANI FELADATOK 문법 문제

## 1. KIEGÉSZÍTÉS 채워 넣기

**Pótolja a hiányzó végződéseket! 빈칸에 알맞은 어미를 넣어 문장을 완성하시오!**

1) Minden reggel 7-________ kelek.

2) Megmosaksz________[én] és megreggeliz________[én].

3) Időben érek be az egyetem________.

4) Óra előtt kikapcsol________[én] vagy legalább lenémít________[én] a telefon________.

5) Este még megtanul________[én] a leckét, és felkészül________[én] a következő napra.

## 2. KIEGÉSZÍTÉS 채워 넣기

**Írja be a hiányzó igéket a megfelelő alakban az alábbi szövegbe!** 다음 동사를 적합한 형태로 변형하여 텍스트에 적어 넣으시오!

| gyakorol | él | lakik | eljátszik |
|---|---|---|---|
| szokik | megkeres | tanul | elalszik |
| felkel | lezuhanyozik | iszik | bemegy |

Zoli zenész, zongorista. A Liszt Ferenc Zeneművészeti Egyetemen 1)________________. Mindennap 2)________________. A bátyja orvos, Bécsben 3)________________. A szüleik Sopronban 4)________________. Zoli nagyon tehetséges. A legnehezebb darabokat is 5)________________ tudja 6)________________. Szabadidejében egy híres budapesti kávéházban 7)________________ játszani. Ezzel a munkával 8)________________ a tandíját. A munka sokáig tart, ezért minden este későn 9)________________. Minden reggel 7 órakor 10)________________, aztán 11)________________; reggeli helyett 12)________________ egy kávét, és már 13)________________ is 14)________________ az egyetemre.

## 3. MONDATALKOTÁS 문장 만들기

**Válaszoljon a kérdésekre! Alkosson hangsúlyos mondatokat! Ügyeljen a fókusz megváltozására és az igekötő helyére! 질문에 답하시오! 초점 있는 문장을 만드시오! 초점의 변경과 동사전철의 위치에 유의하시오!**

Példa:

– Reggel 7 órakor felkelek.

– Mikor?

– 7 órakor. 7 órakor kelek fel.

1)

– Megmosakszom és megmosom a fogamat a fürdőszobában.

– Hol? A konyhában?

– Nem. A fürdőszobában. A fürdőszobában ____________________ és ____________________ a fogamat.

2)

– Fél nyolckor megreggelizem.

– Mikor? Fél hétkor?

– Nem. Fél nyolckor. Fél nyolckor ____________________.

3)

– Megiszom a kávémat az erkélyen.

– Hol? A konyhában?

– Nem. Az erkélyen. Az erkélyen ____________________ a kávémat.

4)

– Nyolckor elindulok az egyetemre.

– Hová? A boltba?

– Nem. Az egyetemre. Az egyetemre ____________________ nyolckor.

5)

– Kilenckor besétálok az egyetemre.

– Hánykor? Tízkor?

– Nem. Kilenckor. Kilenckor ________________ az egyetemre.

# D AKTÍV NYELVHASZNÁLAT 능동적 언어구사

## 1. DIALÓGUSÉPÍTÉS 대화 구성하기

**Rakja sorba az alábbi mondatokat, hogy értelmes párbeszédet kapjon! 의미 있는 대화가 가능하도록 문장의 순서를 배열하시오!**

1) ________ → ________ → ________ → ________ → ________ → ________ → ________

a. Mit tanulsz?

b. Köszönöm!

c. Tanulnom kell.

d. Gépelni tanulok.

e. Nagyon álmos vagyok.

f. Akkor miért nem alszol?

g. Az hasznos. Ha akarod, megtanítalak.

2) ________ → ________ → ________ → ________ → ________ → ________

a. Jó munkát!

b. Akkor segítesz?

c. Jövök, jövök, segítek!

d. Csak vicceltem, bocsánat.

e. Szemtelen! Azt hittem, segítesz.

f. El kellene mosogatni a piszkos edényeket.

3) ____ → ____ → ____ → ____ → ____ → ____ → ____ → ____ → ____ → ____

a. Le.

b. Ki.

c. El.

d. Nem.

e. Meg.

f. Elmosogattál?

g. Kitakarítottál?

h. Kipihented magad?

i. Megírtad a leckédet?

j. Levitted a szemetet?

4) ________ → ________ → ________ → ________ → ________ → ________

a. Persze.

b. Persze.

c. Éppen olvasom.

d. Eltetted valahová? Nem találom.

e. Drágám, behoztad már az újságot?

f. Á! Értem. Ideadod, ha már kiolvastad?

## 2. BESZÉLGETÉS 대화하기

**Alkosson kérdéseket és kérdezze meg a párjától! 의문문을 만들고 대화 상대에게 질문하시오!**

1) Te mindig időben kelsz föl?

① Mindig. ② Általában igen. ③ Néha nem. ④ Nem. Soha.

2) Időben szoktál elindulni?

① Mindig. ② Általában igen. ③ Néha nem. ④ Nem. Soha.

3) Órák után rögtön hazamész?

① Mindig. ② Általában igen. ③ Néha nem. ④ Nem. Soha.

4) Este időben fekszel le?

① Mindig. ② Általában igen. ③ Néha nem. ④ Nem. Soha.

5) Magadtól kelsz vagy órával?

① Magamtól. ② Órával. ③ Néha így, néha úgy. ④ A szobatársam ébreszt.

## 3. KÉPLEÍRÁS 그림 설명하기

**Mesélje el, mit lát a képeken! Kik ezek? Milyenek? Milyen ruhát viselnek? Milyen a hajuk? Hol vannak? Mit csinálnak? Mire gondolnak? Mit mondanak? 그림에서 누가 있는지, 어떤 옷을 입고 있는지, 머리는 어떤지, 어디에 있는지, 뭘 하는지, 무슨 생각을 하는지, 뭘 말하는지에 대해 얘기해 보시오!**

Az első képen két embert látunk: egy kislányt és a ____________________.

A ______________ szelfit készít a Mikulással.

A Mikulásnak ősz ______________ és van. A ruhája ______________. A kislánynak ______________ haja van.

A képen természetesen ______________ van: látszik mögöttük a hó. A Mikulás télen ______________

Magyarországon ______________-án visz ajándékot a ______________-nek.

Az ajándékot a ______________-ba teszi. Általában ______________ visz ajándékba. Karácsonykor nem a Mikulás, hanem ______________ visz ajándékot a magyar gyerekeknek.

# E HALLÁS UTÁNI SZÖVEGÉRTÉS 듣기 연습

## E1 | HANGANYAG 듣기 텍스트 1

### 1. FELELETVÁLASZTÓS TESZT 맞는 답 고르기

**Válaszoljon a hallott szövegre vonatkozó kérdésekre! 텍스트를 듣고 질문에 답하시오!**

**1) Hol tölti Zoli a karácsonyt?**

Ⓐ A kollégiumban.
Ⓑ A szüleivel.
Ⓒ Lakótársakkal.
Ⓓ Egyedül.

**2 Hány testvére van Zolinak?**

Ⓐ Két testvére van.
Ⓑ Nem tudni.
Ⓒ Egy bátyja van.
Ⓓ Két bátyja van.

**3) Melyik nap tartják a hagyományos, karácsonyi, nagy családi vacsorát?**

Ⓐ Minden évben december 24-én.
Ⓑ Minden évben december 25-én.
Ⓒ Minden évben december 26-án.
Ⓓ Minden évben december 6-án.

**4) Mit nem esznek?**

Ⓐ Halat.
Ⓑ Halászlét.
Ⓒ Mákos kalácsot.
Ⓓ Pulykát.

**5)Mit isznak?**

Ⓐ Vörös bort.
Ⓑ Fehér bort.
Ⓒ Kólát.
Ⓓ Pálinkát.

## 2. KIEGÉSZÍTÉS 채워 넣기

**A hallott szöveg alapján illessze be a szavakat a mondatokba! 텍스트를 듣고 적합한 단어를 골라 문장에 채워 넣으시오!**

| tölti | marad | halat | könyvet |
|---|---|---|---|
| van | hazajön | pulykát | telefont |

Zoli a szüleinél 1)________________ a karácsonyt. A bátyja is 2)________________ Bécsből.

Karácsonykor 3)________________ esznek. Zoli ebben az évben egy 4)________________

ajándékozott a bátyjának.

## E2 | HANGANYAG 듣기 텍스트 2

### 1. FELELETVÁLASZTÓS TESZT 맞는 답 고르기

**Válaszoljon a hallott szövegre vonatkozó kérdésekre! 텍스트를 듣고 질문에 답하시오!**

**1) Kik beszélgetnek?**

Ⓐ Timi és Tomi.
Ⓑ Timi és Bori.
Ⓒ Kimi és Kami.
Ⓓ Tomi és Tami.

**2) Mit kért először a lány a fiútól?**

Ⓐ Kölcsönkérte a töltőtollát.
Ⓑ Kölcsönkérte a töltőjét.
Ⓒ Kölcsönkérte a laptopját.
Ⓓ Kölcsönkérte a telefonját.

**3) Kölcsönkapta?**

Ⓐ Most nem.
Ⓑ Igen.
Ⓒ Előbb telepíteni kell valamit.
Ⓓ Elromlott.

**4) Később mit akart a lány?**

Ⓐ Vacsorázni akart.
Ⓑ Megint kölcsönkérte.
Ⓒ Segítséget kért.
Ⓓ Meg akart nézni egy filmet.

**5) Mit mondott Tomi?**

Ⓐ Hogy telepíteni kell egy programot.
Ⓑ Hogy most nincs ideje.
Ⓒ Hogy elviszi vacsorázni.
Ⓓ Hogy nagyon fáradt.

**6) Mit mondott a lány, milyen Tomi?**

Ⓐ Okos.
Ⓑ Ügyes.
Ⓒ Kedves.
Ⓓ Rendes.

## 2. KIEGÉSZÍTÉS 채워 넣기

**A hallott szöveg alapján illessze be a szavakat a mondatokba! 텍스트를 듣고 적합한 단어를 골라 문장에 채워 넣으시오!**

| elkérte | kinyitni | törölni | megkérte |
|---|---|---|---|
| megkérte | megnyitni | telepíteni | megköszönte |

Timi 1)_______________ Tomi töltőjét, mert az övé elromlott… Kicsit később is a segítségét kérte, mert nem tudott 2)_______________ egy fájlt. Tomi azt mondta, 3)_______________ kell egy programot. Timi 4)_______________ Tomi segítségét.

MEMO

lecke

# 11 SZERETLEK!

## 사랑해!

**학습목표**

1. 동사전철의 의미와 기능 익히기
2. 동사 인칭변화 어미-lek/-lak 익히기
3. 상호대명사 egymás 와 용법 익히기

1. 헝가리어의 동사전철의 종류와 특징은 무엇인가요?
2. 헝가리어로 '사랑해'는 어떻게 말할까요?
3. 상호대명사가 목적어인 경우 동사의 인칭변화는 어떻게 하나요?

## A OLVASMÁNY PÁRBESZÉDDEL 대화가 있는 텍스트

Szumi egy buliban magyar szakos finn diákokkal találkozott. Miután bemutatkoztak egymásnak és számot cseréltek, Pekka, a finn fiú azt mondta:

- Én látásból ismerlek téged.
- Tényleg? Honnét? – csodálkozott Szumi.
- Láttalak előadáson. Mindig az első padban szoktál ülni.
- Igen – felelte Szumi. – Ott jobban hallani és érteni, amit az előadó mond.
- Szeretném elkérni a jegyzeteidet. Felhívlak majd – mondta Pekka.
- Most már én is felismerlek: te szoktál mindig késni.
- Igaz. Sokszor láttalak Annával és Bogival is a kávézóban vagy a kocsmában beszélgetni.
- Egyszer találkoztunk a könyvtárban is. Elaludtál az íróasztalnál – mondta Szumi.
- Ez melyik könyvtárban történt?
- A koleszban. Egész éjjel égett a villany. Nem tudtam aludni. Bementem, és láttam, hogy valaki alszik az asztalnál. Azt hittem, betörő vagy. Nyitva volt az ablak is. Aztán láttam, hogy világít a monitor. Éppen levelet írtál valakinek, amikor elaludtál.
- És mit írtam abban a levélben? – kérdezte Pekka.
- Nem olvastam el – mondta Szumi piros arccal.

Arra gondolt, hogy látta, mit írt Pekka a levélben. Annának írta, és azt írta: „Szeretlek".

### Viccek

A pincér kiviszi a sört, amit rendeltek. A vendég ránéz a korsóra, túl sok a hab. Azt mondja:
- Mi ez? Nem borotválkozni, hanem inni akarok!

*

- Milyen nap van ma?
- Nem tudom, de ott az újság a kezedben, abban benne van a dátum.
- Nem jó, ez tegnapi újság!

*

- A nagybácsikám meghalt ebolában.
- Őszinte részvétem. És hazahozzátok, vagy ott temetitek el?

*

- Pista bácsi, maga mit szokott csinálni, ha este nem tud elaludni?
- Én? Elszámolok háromig.
- Tényleg? Csak háromig?
- Igen, háromig, de van úgy, hogy fél négyig is.

*

Az agresszív kismalac a vasútállomáson:

- Egy retúrjegyet kérek!
- Hova parancsolja?
- Oda-vissza!!!

*

Az agresszív kismalac a játékboltban:

- Kérek egy türelemjátékot. Most rögtön!

*

**A világ legrövidebb könyvei**

*A Hold állat- és növényvilága*
*Latin-magyar turistaszótár*
*Tömegkatasztrófák Magyarország baseballstadionjaiban*
*A Titanic sikeres útjai*
*A Vatikán nagy tavai*

## Szavak 단어

számot cserél=megadják egymásnak a telefonszámukat

látás

látásból ismer

felismer

késik

kocsma

kolesz=kollégium (diáknyelvi szó)

ránéz

korsó

ebola

hazahoz

eltemet

elszámol valameddig

kismalac

vasútállomás

retúrjegy

játékbolt

türelemjáték

# B NYELVTAN 문법

## I. 동사전철의 의미와 기능

### 동작의 시작 (기동상)

| | |
|---|---|
| ismer – felismer | 알아보다 |
| alszik – elalszik | 잠들다 |
| késik – elkésik | 지각하다 |
| lát – meglát valakit | 보게 되다 |
| szeret – megszeret valakit | 사랑하게 되다 |
| fog – megfog | 잡다 |

### 지속상

beszélget – elbeszélget valakivel 얘기를 나누다

üldögél – elüldögél valahol 하염없이 앉아있다

nézeget – elnézeget/megnézeget valamit 구경하다

### 반대 의미쌍

| | |
|---|---|
| lefegyverez 무기를 내려놓다 | – felfegyverez 무기를 들다 |
| lenéz valakit 내려다보다, 무시하다 | – felnéz valakire 올려다보다 |

### 동사전철의 중복으로 반복적 의미 표현

| | |
|---|---|
| vissza-visszanéz | 자꾸 뒤돌아보다 |
| fel-feltekint | 우러러보다 |
| meg-megáll | 자꾸 멈추다 |
| összevissza beszél | 뒤죽박죽 말하다 |

## II. 인칭어미 -lak/-lek (주어 1인칭, 목적어 2인칭 )

| | |
|---|---|
| *Szeretlek.* | (나는 너를) 사랑해. |
| *Felhívlak.* | (내가 너에게) 전화할께. |
| *Ismerlek.* | (나는 너) 알아. |

- 목적어를 강조할 때 문두에 올 수 있다.

*Téged szeretlek. (És nem őt.)* 내가 사랑하는 사람은 너야 (그 사람이 아니고).

- 목적어가 2인칭 복수인 경우, 목적어는 생략할 수 없다.

| | |
|---|---|
| Szeretlek benneteket.= Szeretlek titeket. | (나는) 너희들 사랑해. |
| Ismerlek benneteket. = Ismerlek titeket. | (나는) 너희들 알고 있어. |

- 목적어가 복수 1인칭 또는 2인칭에서 목적격 형태 두 가지 중 BENNE- 가 사용된다.

| benn+Px | ACC |
|---|---|
| bennem | – |
| benned | – |
| benne | – |
| | |
| bennünk | bennünket |
| bennetek | benneteket |
| bennük | – |

## III. 상호대명사 EGYMÁS

### 상호 대명사의 격변화

| 주격 | 목적격 | 부사격 | | | | |
|---|---|---|---|---|---|---|
| egymás | egymást | egymásban | egymástól | egymásnak | egymáshoz | egymásról |

| | |
|---|---|
| Szeretjük egymást. | 우리는 서로 좋아한다. |
| Szeretitek egymást. | 너희는 서로 좋아한다. |
| Szeretik egymást. | 그들은 서로 좋아한다. |
| Bízunk egymásban. | 우리는 서로 신뢰한다. |
| Elváltunk egymástól. | 우리는 서로 헤어졌다. |
| Ajándékot adunk egymásnak. | 우리는 서로 선물을 준다. |
| Hűségesek vagytok egymáshoz. | 너희는 서로에게 충실하다. |
| Egymásról beszélünk. | 우리는 서로에 대해서 얘기한다. |

# C GYAKORLATOK 연습문제

## C1 | SZÓKINCSGYAKORLATOK 어휘 연습

### 1. KIEGÉSZÍTÉS 채워 넣기

**Írja be a hiányzó betűket!** 빈칸에 알맞은 글자를 넣어 단어를 만드시오!

1) bemu_____ko_____
4) k_____s_____k
7) ny_____t_____a

2) lát_____lak
5) vi_____a_____
8) sz_____r_____tl_____k

3) té_____l_____g
6) bet_____r_____

### 2. SZINONIMÁK 유의어

**Milyen hasonló szavakat talál a szövegben? Milyen más hasonló szavakat ismer? Adja meg a szó szinonimáját!** 237쪽 'A 대화가 있는 텍스트'에서 다음 단어의 유의어를 찾아 적으시오!

1) megadják egymásnak a telefonszámukat ≈ __________

2) világít a lámpa ≈ __________

3) tudja, hogy ki ő ≈ __________

4) party ≈ __________

5) nagy pohár, amiből sört isznak ≈ __________

6) vonatjegy oda-vissza ≈ __________

## 3. ELLENTÉTEK 반의어

**Mi az ellentéte a következő szavaknak, kifejezéseknek? A szavakat megtalálja a lecke szövegében. 237쪽 'A 대화가 있는 텍스트'에서 다음 단어의 반의어를 찾아 적으시오!**

1) pontosan érkezik ⟷ ____________________

2) felébred ⟷ ____________________

3) le van kapcsolva a villany ⟷ ____________________

4) kijöttem ⟷ ____________________

5) olvas ⟷ ____________________

## C2 | SZÖVEGÉRTÉSI FELADATOK 본문 독해 문제

## 1. IGAZ/HAMIS 사실/거짓

**Olvassa el a *Szeretlek!* című szöveget! Igaz vagy hamis? Ha hamis, írja le a helyes mondatot! 237쪽 'A 대화가 있는 텍스트'를 읽고 내용의 진위 I/H(Igaz/Hamis)를 표시하고, 거짓인 경우에는 사실을 적으시오!**

1) Szumi lengyel diákokkal találkozott. ( I / H ) ____________________

2) Szumi egy kávézóban volt. ( I / H ) ____________________

3) Pekka látásból ismeri Szumit. ( I / H ) ____________________

4) Pekka mindig pontosan érkezik ( I / H ) ____________________

5) Szumi látta Pekkát aludni a könyvtárban. ( I / H ) ____________________

6) Pekka Szuminak írta, hogy „szeretlek". ( I / H ) ____________________

## 2. FELELETVÁLASZTÓS TESZT 맞는 답 고르기

**1) Kikkel találkozott Szumi a buliban?**

Ⓐ Olasz diákokkal.
Ⓑ Török diákokkal.
Ⓒ Thaiföldi diákokkal.
Ⓓ Finn diákokkal.

**2) Honnan ismeri Pekka Szumit?**

Ⓐ Az egyetemről.
Ⓑ Egy munkahelyen dolgoznak.
Ⓒ Koreából.
Ⓓ Lengyelországból.

**3) Hol szokott Szumi ülni az előadásokon?**

Ⓐ Az utolsó padban.
Ⓑ Elöl.
Ⓒ Középen.
Ⓓ Hátul.

**4) Hol aludt el Pekka?**

Ⓐ A szobájában, az ágyban.
Ⓑ A vonaton.
Ⓒ A könyvtárban.
Ⓓ Az órán.

**5) Miért kellemetlen ez Szuminak?**

Ⓐ Mert látta Pekka szerelmeslevelét.
Ⓑ Mert az ő helyén aludt el.
Ⓒ Mert nem tud finnül.
Ⓓ Mert nemsokára visszamegy Koreába.

**6) Mit kért Pekka Szumitól?**

Ⓐ Hogy ne mondja el senkinek, amit látott.
Ⓑ Hogy nézze meg, amit írt.
Ⓒ A jegyzeteit.
Ⓓ Semmit. / Nem tudjuk.

## 3. KIEGÉSZÍTÉS 채워 넣기

**Illessze a megadott szavakat a kipontozott helyekre!** 적합한 단어를 골라 빈칸을 채워 넣으시오!

Ⓐ ismerte　　Ⓒ látta　　Ⓔ írt

Ⓑ diákokkal　　Ⓓ találkozott　　Ⓕ elkésik

Szumi egy buliban finn 1)________________ 2)________________. Az egyiküket, Pekkát látásból már 3)________________ az egyetemről. Pekka mindig 4)________________ az előadásról. Szumi egyszer 5)____________________ Pekka e-mailjét, amit Annának 6)________________.

## C3 | NYELVTANI FELADATOK 문법 문제

## 1. KIEGÉSZÍTÉS 채워 넣기

**Pótolja a hiányzó végződéseket!** 빈칸에 알맞은 어미를 넣어 문장을 완성하시오!

1) Megadod a telefonszám________?

2) Látás________ már ismerjük egymás________.

3) Holnap________ felhív________[én, téged].

4) Elalud________[te] a könyvtárban.

5) Szeretném kölcsönkér________ a jegyzeteid________.

## 2. KIEGÉSZÍTÉS 채워 넣기

**Írja be a hiányzó igéket a megfelelő alakban az alábbi szövegbe! 다음 동사를 적합한 형태로 변형하여 텍스트에 적어 넣으시오!**

| találkozik | elkésik | elalszik | alszik |
|---|---|---|---|
| ismer | elkér | ég | ír |
| cserél | gondol | bemegy | szeret |

Pekka és Szumi egy buliban 1)__________________. Látásból már korábban is 2)__________________ egymást az egyetemről. Telefonszámot 3)__________________. Pekka mindig 4)__________________ az előadásról. Ezért szeretné 5)__________________ Szumitól a jegyzeteit. Szumi arra 6)__________________, hogy Pekka nagyon lusta. Egyszer még a könyvtárban is 7)__________________. Egész éjjel 8)__________________ a villany, és amikor Szumi 9)__________________, Pekka ott 10)__________________ az asztalnál. Éppen levelet 11)__________________ Annának. Azt írta: „12)__________________".

## 3. VÁLASZTÁS 맞는 답 고르기

**Melyik ige illik a mondatba? Válassza ki a megfelelőt! 어느 단어가 문장에 적합한지 답하시오!**

PL:

A titkárnő ( elfénymásolja / lefénymásolja ) a dokumentumokat.

1) A hivatalnok a reptéren ( felszekenneli / beszkenneli ) az útleveleket.

2) A fényképész ( lefényképezi / megfényképezi ) a fiatal házaspárt.

3) A pincér ( kiviszi / leviszi ) a sört.

4) A vendég ( megrendeli / elrendeli ) az ebédet.

5) Az egyetemista ( elaludt / kialudt ) a könyvtárban az asztalnál.

6) A fiú ( meglátta / fellátta ) és megszerette a lányt.

7) Anna gyorsan ( fut / összefut ).

8) Most ( elmegyek / kimegyek ) haza.

9) Moziba ( elmegyünk / megyünk ) a barátommal.

10) A madarak ősszel ( elrepülnek / lerepülnek ) Afrikába.

## 4. KIEGÉSZÍTÉS 채워 넣기

**Egy egyetemista napirendje. Egészítse ki a mondatokat igekötőkkel! 어느 대학생의 일과. 동사전철을 사용하여 문장을 완성하시오!**

Magyar szakos hallgató vagyok, kollégiumban lakom. Minden nap busszal utazom az egyetemre. Az előadások, illetve a szemináriumok 1)________oszlanak a hét első négy napján: hétfőnként három, keddenként is három, szerdánként kettő, csütörtökönként pedig négy órán vagyok jelen.

Reggel 2)________kelek, 3)________mosakszom, 4)________reggelizek, aztán 5)________mosom a fogamat. Miután 6)________öltözöm, 7)________indulok az egyetemre. 8)________szállok a buszra és 9)________utazom a kampuszra. Amikor a busz 10)________érkezik, 11)________szállok. 12)________megyek az épületbe és 13)________megyek a lépcsőn a tanteremhez. 14)________ülök a padba. Az óra előtt 15)________veszem a telefonomat is, 16)________nézem az üzeneteimet. Aztán 17)________kapcsolom a telefonomat. 18)________jön a tanár és 19)________kezdődik az óra. Délben órák után 20)________megyek a menzára és 21)________ebédelek. Az ebédnél 22)________beszélgetek az évfolyamtársaimmal. Az órák után 23)________indulok a kollégiumba. 24)________tanulom a leckémet, 25)________vacsorázom, 26)________fürdök, aztán 27)________fekszem aludni. A hétvégén 28)________megyek szórakozni.

## D AKTÍV NYELVHASZNÁLAT 능동적 언어구사

### 1. DIALÓGUSÉPÍTÉS 대화 구성하기

**Rakja sorba az alábbi mondatokat, hogy értelmes párbeszédet kapjon!** 의미 있는 대화가 가능하도록 문장의 순서를 배열하시오!

1) ________ → ________ → ________ → ________ → ________ → ________

a. Köszönöm.

b. Köszönöm.

c. Imádom a mosolyodat.

d. Gyönyörű szép szemed van.

e. Anna, neked olyan szép a hajad!

f. Akkor sem adok a szendvicsemből.

2) ________ → ________ → ________ → ________ → ________ → ________

a. Igen.

b. Én is az vagyok.

c. Szeretlek!

d. Én is szeretlek!

e. Leszel a barátnőm?

f. Nagyon boldog vagyok!

3) ________ → ________ → ________ → ________ → ________ → ________ → ________

a. Miért?

b. Persze.

c. Az *Élősködőket*.

d. Ráérsz holnap este?

e. Kérdezhetek valamit?

f. Ráérek. Mit nézünk meg?

g. Szeretnélek elhívni moziba.

4) ________ → ________ → ________ → ________ → ________ → ________ → ________

a. És?

b. Miről?

c. Nem erről van szó.

d. Találtál valaki mást?

e. Szakítani akarok veled.

f. Szeretnék veled beszélni.

g. Sokat gondolkodtam, és…

5) ________ → ________ → ________ → ________ → ________ → ________ → ________

a. Szerinted?

b. Igazad van.

c. Szerintem igen.

d. Mióta vagytok együtt?

e. Jóképű. Együtt jártok?

f. Ki volt ez a helyes fiú?

g. Levente. Spanyol szakos.

h. Egy hónapja jöttünk össze.

## 2. BESZÉLGETÉS 대화하기

**Alkosson kérdéseket és kérdezze meg a párjától! 의문문을 만들고 대화 상대에게 질문하시오!**

**1) Te pontos vagy, vagy késni szoktál?**

① Mindig pontos vagyok. ② Általában pontos vagyok.
③ Hol így, hol úgy. ④ Késni szoktam.

**2) Volt már, hogy elaludtál órán?**

① Soha. ② Egyszer.
③ Néha. ④ Rendszeresen.

**3) Volt már, hogy elaludtál a könyvtárban?**

① Soha. ② Egyszer.
③ Néha. ④ Rendszeresen.

**4) Történt már veled olyan, hogy valaki meglátta, mit írsz valaki másnak?**

① Soha. ② Egyszer.
③ Néhányszor. ④ Gyakran.

**5) Szerinted Pekka tudja, hogy Szumi meglátta, mit írt Annának?**

① Igen. ② Nem.
③ Lehet. ④ Fogalmam sincs.

**6) Szerinted Szumi tudja, hogy Pekka tudja, hogy ő tudja, hogy mit írt Annának?**

① Igen. ② Nem.
③ Lehet. ④ Fogalmam sincs.

## 3. KÉPLEÍRÁS 그림 설명하기

**Mesélje el, mit lát a képeken! Kik ezek? Milyenek? Milyen ruhát viselnek? Milyen a hajuk? Hol vannak? Mit csinálnak? Mire gondolnak? Mit mondanak? 그림을 보고 얘기하시오! 이들은 누구이며, 어떻게 생겼습니까? 무슨 옷을 입고 머리모양은 어떠합니까? 이들은 어디에서 뭘 하고, 무엇을 생각하며 무슨 말을 할까요?**

Ezen a képen egy férfi és egy nő, egy fiú és egy lány ______________________ a tengerparton. Este van, megy le a ______ ______________________.

Nyár van, mert könnyű, ______________________ ruhában vannak.

A lány egy ______________________ ruhát visel. A fiú szemüveges, ______________________ inget és ______________________ nadrágot visel.

A fiú magasabb, mint a ______________________. Mezítláb vannak, nincs ______________________ a lábukon. Ők valószínűleg ______________________, mert fogják egymás kezét. Azt hiszem, a fiú kérdezett valamit, és ______________________.

Azt gondolom, hogy ők ______________________

## E HALLÁS UTÁNI SZÖVEGÉRTÉS 듣기 연습

### E1 HANGANYAG 듣기 텍스트 1

### 1. FELELETVÁLASZTÓS TESZT 맞는 답 고르기

**Válaszoljon a hallott szövegre vonatkozó kérdésekre! 텍스트를 듣고 질문에 답하시오!**

**1) Hogyan él Zoli?**

Ⓐ Boldogan.
Ⓑ A szüleivel.
Ⓒ Lakótársakkal.
Ⓓ Egyedül.

**2 Zoli jár most valakivel?**

Ⓐ Igen, két éve van barátnője.
Ⓑ Nem tudni.
Ⓒ Nem jár senkivel.
Ⓓ Gyakran megy sétálni.

**3) Meddig tartott Zoli kapcsolata?**

Ⓐ Nem volt kapcsolatban.
Ⓑ Zolit nem érdeklik a nők.
Ⓒ Hét évig.
Ⓓ Két évig.

**4) Hova jár Zoli egyedül?**

Ⓐ Moziba, színházba.
Ⓑ Mindenhova.
Ⓒ Egyetemre.
Ⓓ Zoli busszal jár.

**5) Zoli szeret így élni?**

Ⓐ Nem tudni.
Ⓑ Igen.
Ⓒ Zoli barátnőt keres.
Ⓓ Nem.

## 2. KIEGÉSZÍTÉS 채워 넣기

**A hallott szöveg alapján illessze be a szavakat a mondatokba! 텍스트를 듣고 적합한 단어를 골라 문장에 채워 넣으시오!**

| után | egyedül | sehova sem | remek |
|---|---|---|---|
| múlva | a családjával | mindenhova | szomorú |

Zoli két év [1]__________________ szakított a barátnőjével. Most [2]__________________ él.

[3]________________ egyedül jár. A narrátor szerint ez [4]________________.

## E2 | HANGANYAG 듣기 텍스트 2

### 1. FELELETVÁLASZTÓS TESZT 맞는 답 고르기

**Válaszoljon a hallott szövegre vonatkozó kérdésekre! 텍스트를 듣고 질문에 답하시오!**

**1) Kik beszélgetnek?**

Ⓐ Timi és Tomi.
Ⓑ Szumi és Bori.
Ⓒ Zoli és Bogi.
Ⓓ Tomi és Tami.

**2) Hova hívta a fiú a lányt?**

Ⓐ Színházba.
Ⓑ Tévézni.
Ⓒ Moziba.
Ⓓ A büfébe.

**3) Mikorra hívta moziba?**

Ⓐ Mostanra.
Ⓑ Ma estére.
Ⓒ Hétvégére.
Ⓓ Tegnapra.

**4) Mi megy a moziban?**

Ⓐ Az *Élősködők* ('기생충').
Ⓑ A *Saul fia* ('사울의 아들').
Ⓒ *A Liza, a rókatündér* ('리자의 달콤살벌한 연애')
Ⓓ *A Gangnam Blues* ('강남 1970')

**5) Mit mond a lány, amikor megtudja a filmcímet?**

Ⓐ Hogy még nem látta.
Ⓑ Hogy már látta, és nem megy el Tomival.
Ⓒ Hogy már látta, de elmegy Tomival megnézni.
Ⓓ Hogy nem tetszett neki a film.

## 2. KIEGÉSZÍTÉS 채워 넣기

**A hallott szöveg alapján illessze be a szavakat a mondatokba! 텍스트를 듣고 적합한 단어를 골라 문장에 채워 넣으시오!**

| meghívja | megkérdezi | új | kapott |
|---|---|---|---|
| elhívja | tudja | híres | adott |

Tomi 1)__________________ Timit moziba. A lány 2)__________________, mi megy a moziban.

Egy nagyon 3)____________________ koreai film, az *Élősködők*. Ez a film 2020-ban összesen 4

Oscar-díjat 4)__________________.

lecke

# 12 KINEK IS VOLT AZ ESKÜVŐJE?

## 누구 결혼식이었지?

학습목표

1. 인칭대명사의 격변화 익히기
2. 후치사와 부사격 어미의 격변화 익히기
3. 재귀대명사 maga 의 용법 익히기

1. 헝가리어 명사의 격변화는 인칭대명사의 격변화와 어떻게 다른가요?
2. 단체 사진에 있는 가족과 친척을 설명할 수 있나요?
3. 헝가리 결혼, 이혼, 잔치 관련 개념은 어떻게 표현할까요?

## A OLVASMÁNY PÁRBESZÉDDEL 대화가 있는 텍스트

Szumi ülőhelyet keresett a büfében, amikor meglátta Annát az ablaknál.

- Szia! Ideülhetek hozzád? – kérdezte udvariasan.
- Szia! Persze – mosolygott Anna.
- Köszi. Na, milyen volt az esküvő? Sikerült megfelelő ajándékot találni? Mit is mondtál, milyen ajándék?
- Nászajándék. Amit a vendégek ajándékba adnak a menyasszonynak és a vőlegénynek.
- Nálunk pénzt adnak.
- Mostanában már nálunk is. De én valami különlegeset akartam ajándékozni.
- Kinek is volt az esküvője?
- Az unokatestvéremnek. Ő az édesanyám nővérének a lánya. Menő fogorvos Bécsben, a vőlegénye, vagyis már a férje pedig nőgyógyász. A szüleik is orvosok, nagyon jól megy nekik.
- Mit vettél nászajándékba?
- Sokat gondolkodtam, végül egy szép ezüst nyakláncot vettem neki.
- Miért nem aranyat?
- Jobban szereti az ezüstöt. Szerinte az jobban illik hozzá.
- Jól érezted magad az esküvőn? Szép volt? Csináltál képeket?
- Van pár kép a telefonomon: ez itt az ifjú pár, ezek az örömszülők: a nagynéném és a nagybátyám. Két éve elváltak, de jóban vannak. A nagybátyámnak új felesége van, ez pedig a nagynéném új férje. Ezek itt a nagyszüleink. Ez pedig a dédpapa és a dédmama. Már hatvan éve házasok. Ezek itt a másik unokatestvérem gyerekei: az unokaöcsém és az unokahúgom.
- Nagyon csinos ruha van rajtad. És a sminked is nagyon szép.
- Köszi. Nagyon imádtam ezt a ruhát. Sajnos csak kölcsönöztem, nem az enyém.
- Látom, nagyon szép helyen volt az esküvő...
- Igen. Egy Balaton-parti kastélyban volt az esküvői vacsora. Este tízkor pedig hajóra szálltunk, és hajnalig táncoltunk.
- Hajóra? A sok ittas, részeg ember? Nem veszélyes ez?
- Azt mondták, hogy nem lesz semmi baj és minden rendben lesz, ne aggódjunk. De éjfél után eltűnt a vőlegény öccse. Mindenki őt kereste, és már a rendőrséget akarták hívni, amikor megtalálták: édesen aludt a zongora alatt. Azt mondta, hogy a sok bortól és fáradtságtól megfájdult a feje. És képzeld: levetkőzött, és egy abroszt terített magára takaró helyett! Csináltam is róla egy képet. Ez a kopasz fiú az, egy szál nyakkendő van rajta és az abroszt magára borítja, mint egy nagy kendőt.

## Szavak 단어

ülőhely

esküvő

nászajándék

menyasszony

vőlegény

mostanában

unokatestvér

menő (beszélt nyelvi! ≈ népszerű, sikeres)

nőgyógyász

örömszülők

elválik valaki valakitől / egymástól

dédpapa

dédmama

unokaöcs

unokahúg

smink

ittas

részeg

megfájdul

abrosz

takaró

kopasz

szál

nyakkendő

kendő

csoporttárs

hoppá

# B NYELVTAN 문법

## I. 후치사와 부사격 어미의 인칭변화

### 1. 후치사의 인칭변화

➋ nem tudom nélküled megoldani. 나는 너 없이는 해결할 수 없다.

| (인칭대명사) + | | | | | |
|---|---|---|---|---|---|
| miatt | -ért | -val/-vel | nélkül | körül[ött] | ellen |
| (én)miattam | (én)értem | (én)velem | (én)nélkülem | (én)körülöttem | (én)ellenem |
| (te)miattad | (te)érted | (te)veled | (te)nélküled | (te)körülötted | (te)ellened |
| (ő)miatta | (ő)érte | (ő)vele | (ő)nélküle | (ő)körülötte | (ő)ellene |
| Ön miatt | Önért | Önnel | Ön nélkül | Ön körül | Ön ellen |
| | | | | | |
| (mi) miattunk | (mi)értünk | (mi)velünk | (mi)nélkülünk | (mi)körülöttünk | (mi)ellenünk |
| (ti)miattatok | (ti)értetek | (ti)veletek | (ti)nélkületek | (ti)körülöttetek | (ti)ellenetek |
| (ő)miattuk | (ő)értük | (ő)velük | (ő)nélkülük | (ő)körülöttük | (ő)ellenük |
| Önök miatt | Önökért | Önökkel | Önök nélkül | Önök körül | Önök ellen |
| | | | | | |

| (인칭대명사) + | | | | | |
|---|---|---|---|---|---|
| elé | előtt | elől | mögé | mögött | mögül |
| (én)elém | (én)előttem | (én)előlem | (én)mögém | (én)mögöttem | (én)mögülem |
| (te)eléd | (te)előtted | (te)előled | (te)mögéd | (te)mögötted | (te)mögüled |
| (ő)elé | (ő)előtte | (ő)előle | (ő)mögé | (ő)mögötte | (ő)mögüle |
| Ön elé | Ön előtt | Ön elől | Ön mögé | Ön mögött | Ön mögül |
| | | | | | |
| (mi)elénk | (mi)előttünk | (mi)előlünk | (mi)mögénk | (mi)mögöttünk | (mi)mögülünk |
| (ti)elétek | (ti)előttetek | (ti)előletek | (ti)mögétek | (ti)mögöttetek | (ti)mögületek |
| (ő)eléjük | (ő)előttük | (ő)előlük | (ő)mögéjük | (ő)mögöttük | (ő)mögülük |
| Önök elé | Önök előtt | Önök elől | Önök mögé | Önök mögött | Önök mögül |

elém állt be a sorba 내 앞으로 (가서) 줄 선다
fut előlem 내 앞으로 달린다
előttem áll 내 앞에 서있다

mögém állt be a sorba 내 뒤로 (가서)줄선다
mögötte van 그의 뒤에 서있다
kilépett mögülem a sorból 내 뒤로부터 줄에서 나섰다

| mellé | mellett | mellől |
|---|---|---|
| (én)mellém | (én)mellettem | (én)mellőlem |
| (te)melléd | (te)melletted | (te)mellőled |
| (ő)mellé | (ő)mellette | (ő)mellőle |
| Ön mellé | Ön mellett | Ön mellől |
| | | |
| (mi)mellénk | (mi)mellettünk | (mi)mellőlünk |
| (ti)mellétek | (ti)mellettetek | (ti)mellőletek |
| (ő)melléjük | (ő)mellettük | (ő)mellőlük |
| Önök mellé | Önök mellett | Önök mellől |

Leült Anna mellé. 그는 안나 옆으로 가서 앉았다
Anna mellettem áll. 안나는 내 옆에 서있다

ott van melletted. 저기 네 옆에 있다.
ott van mögötted. 저기 네 뒤에 있다.
éppen előtted áll. 바로 네 앞에 서 있다.
leülhetek melléd? 네 옆에 (가서) 앉아도 될까?

## 2. 부사격 어미의 인칭변화

| (인칭대명사) + | | | | | |
|---|---|---|---|---|---|
| -hoz/-hez/-höz | -nál/-nél | -tól/-től | -ba/-be | -ban/-ben | -ból/ből |
| (én)hozzám | (én)nálam | (én)tőlem | (én)belém | (én)bennem | (én)belőlem |
| (te)hozzád | (te)nálad | (te)tőled | (te)beléd | (te)benned | (te)belőled |
| (ő)hozzá | (ő)nála | (ő)tőle | (ő)belé | (ő)benne | (ő)belőle |
| Önhöz | Önnél | Öntől | Önbe | Önben | Önből |
| | | | | | |
| (mi)hozzánk | (mi)nálunk | (mi)tőlünk | (mi)belénk | (mi)bennünk | (mi)belőlünk |
| (ti)hozzátok | (ti)nálatok | (ti)tőletek | (ti)belétek | (ti)bennetek | (ti)belőletek |
| (ő)hozzájuk | (ő)náluk | (ő)tőlük | (ő)beléjük | (ő)bennük | (ő)belőlük |
| Önökhöz | Önöknél | Önöktől | Önökbe | Önökben | Önökből |
| hozzánk=a mi otthonunkba | beleszerettem Zoliba 나는 졸리에게 사랑에 빠졌다.<br>szerelmes vagyok Boriba 나는 보리를 사랑하고 있다.<br>bízom benned 나는 너를 믿는다.<br>nem néztem ezt ki belőle 나는 그를 이렇게 보지 않았다. | | | | |

| (인칭대명사) + | | | | | |
|---|---|---|---|---|---|
| -ra/re | -n/-on/-en/-ön | -ról/-ről | | | |
| (én)rám | (én)rajtam | (én)rólam | | | |
| (te)rád | (te)rajtad | (te)rólad | | | |
| (ő)rá | (ő)rajta | (ő)róla | | | |
| Önre | Önön | Önről | | | |
| | | | | | |
| (mi)ránk | (mi)rajtunk | (mi)rólunk | | | |
| (ti)rátok | (ti)rajtatok | (ti)rólatok | | | |
| (ő)rájuk | (ő)rajtuk | (ő)róluk | | | |
| Önökre | Önökön | Önökről | | | |
| Mi van rajtad? 너한테 뭐가 있니?<br>Gondolok rád. 나는 너를 생각한다.<br>Rajtatok múlik minden. 모든 게 너희들에게 달려 있다. | | | | | |

Rólam van szó? 나에 관한 얘기야?

Neked adtam. 내가 너에게 주었잖아.

Tőled kaptam. 나는 너에게서 받았어.

Nincs rajtad sapka. 너는 모자를 쓰지 않았구나.

Nincs nálam toll. 나한테 펜이 없다.

Nincs nálam a mobilom. 나한테 (지금) 핸디가 없어.

Nincs nálad zsebkendő? 너한테 손수건 없니? /너 손수건 갖고 있지 않니?

Nincs velem senki, egyedül jöttem. 나한테는 아무도 없어. 혼자 왔다.

Nálatok találkozunk! 우리는 너희 집에서 만난다!

Eljöttök velünk moziba? 너희들 우리하고 같이 극장 갈래?

Eljössz hozzánk vendégségbe? 너 우리 집에 놀러 올래?

sokat gondolok rád. 나는 너를 많이 생각한다.

bízom benned. 나는 너를 믿는다.

szerelmes vagyok bele / belé. 나는 그에게 사랑에 빠졌다. /그를 좋아하게 되었다.

várok rád. 너를 기다릴게.

beszélhetek hozzád? 너에게 말해도 될까?

beszélhetek veled? 너하고 얘기할 수 있을까?

beszélhetek róla? 그에 대해 말해도 될까?

Szeretnék veled beszélgetni. 너하고 대화하고 싶어.

Szeretnék veled beszélni. 너하고 얘기하고 싶어.

## II. 재귀대명사 MAGA – visszaható névmás

Jól érezted **magad** az esküvőn?
Egy abroszt terített **magára** takaró helyett!

| maga | ACC | DAT | ABL |
|---|---|---|---|
| magam | magam(at) | magamnak | magamról |
| magad | magad(at) | magadnak | magadról |
| maga | magát | magának | magáról |
| | | | |
| magunk | magunkat | magunknak | magunkról |
| magatok | magatokat | magatoknak | magatokról |
| maguk | magukat | maguknak | magukról |

- 재귀대명사 maga는 존칭의 대명사 Ön의 동의어로서 사용되기도 한다.

# C GYAKORLATOK 연습문제

## C1 SZÓKINCSGYAKORLATOK 어휘 연습

### 1. KIEGÉSZÍTÉS 채워 넣기

**Írja be a hiányzó betűket!** 빈칸에 알맞은 글자를 넣어 단어를 만드시오!

1) esk_____v_____

2) v_____le_____ény

3) me_____a_____ony

4) ö_____ömsz_____l_____k

5) ha_____ó

6) _____ong_____r_____

7) a_____ánd_____k

8) ny_____kl_____n_____

### 2. SZINONIMÁK 유의어

**Milyen hasonló szavakat talál a szövegben? Milyen más hasonló szavakat ismer? Adja meg a szó szinonimáját!** 259쪽 'A 대화가 있는 텍스트'에서 다음 단어의 유의어를 찾아 적으시오!

1) ajándékba ad ≈ ____________________

2) népszerű, sikeres ≈ ____________________

3) nagyon szeret ≈ ____________________

4) van férje/felesége ≈ ____________________

5) fényképet csinál róla ≈ ____________________

## 3. ELLENTÉTEK 반의어

**Mi az ellentéte a következő szavaknak, kifejezéseknek? A szavakat megtalálja a lecke szövegében. 259쪽 'A 대화가 있는 텍스트'에서 다음 단어의 반의어를 찾아 적으시오!**

1) biztonságos ⟷ ______________________

2) van haja ⟷ ______________________

3) megházasodik ⟷ ______________________

4) kellemes ⟷ ______________________

5) az enyém, megvettem ⟷ ______________________

## 4. TÁBLÁZAT 도표

**Töltsd ki a táblázatot! 도표를 채우시오!**

### Családtagok: generációk 가족: 세대

<table>
<tr><td rowspan="8">______</td><td rowspan="4">← ______</td><td rowspan="2">← apai nagyapa</td><td>← apai nagyapai dédapa</td><td>______</td></tr>
<tr><td>← ______</td><td>______</td></tr>
<tr><td rowspan="2">← ______</td><td>← ______</td><td>______</td></tr>
<tr><td>← ______</td><td>______</td></tr>
<tr><td rowspan="4">← ______</td><td rowspan="2">← ______</td><td>← ______</td><td>______</td></tr>
<tr><td>← ______</td><td>______</td></tr>
<tr><td rowspan="2">← ______</td><td>← ______</td><td>______</td></tr>
<tr><td>← ______</td><td>anyai ükanya</td></tr>
<tr><td>én és a testvéreim</td><td>______</td><td>______</td><td>______</td><td>______</td></tr>
</table>

### Családtagok: a testvéreim 가족: 내 형제

| | fiú | lány |
|---|---|---|
| idősebb | | |
| egykorú | az ikertestvérem | |
| fiatalabb | | |

## C2 SZÖVEGÉRTÉSI FELADATOK 본문 독해 문제

### 1. IGAZ/HAMIS 사실/거짓

**Olvassa el a *Kinek is volt az esküvője?* című szöveget! Igaz vagy hamis? Ha hamis, írja le a helyes mondatot! 259쪽 'A 대화가 있는 텍스트'를 읽고 내용의 진위 I/H(Igaz/Hamis)를 표시하고, 거짓인 경우에는 사실을 적으시오!**

1) Szumi Anna mellé ül a büfében. ( I / H ) ______________________

2) Szumi egy esküvőn volt. ( I / H ) ______________________

3) Anna nem fényképezett az esküvőn. ( I / H ) ______________________

4) A vőlegény öccse nem ivott alkoholt. ( I / H ) ______________________

### 2. FELELETVÁLASZTÓS TESZT 맞는 답 고르기

**1) Hol járt Anna?**

Ⓐ Egy buliban.
Ⓑ A moziban.
Ⓒ Egy esküvőn.
Ⓓ A könyvesboltban.

**2) Kinek volt az esküvője?**

Ⓐ Anna unokatestvérének.
Ⓑ Egy kopasz fiúnak.
Ⓒ Szumi csoporttársának.
Ⓓ Anna csoporttársának.

**3) Hogy áll ő rokonságban Annával?**

Ⓐ A nagyanyáik testvérek.
Ⓑ Az anyukáik testvérek.
Ⓒ A testvérének a felesége.
Ⓓ Nem rokona.

**4) Mit csinált a kopasz fiú?**

Ⓐ Feleségül vette Annát.
Ⓑ Feleségül vette Anna unokatestvérét.
Ⓒ Részegen elaludt a zongora alatt.
Ⓓ Megfürdött a Balatonban.

## 3. KIEGÉSZÍTÉS 채워 넣기

**Illessze a megadott szavakat a kipontozott helyekre! 적합한 단어를 골라 빈칸을 채워 넣으시오!**

| | | |
|---|---|---|
| Ⓐ levetette | Ⓒ esküvője | Ⓔ mesélt |
| Ⓑ nagyon | Ⓓ zongora | Ⓕ szerint |

Anna arról 1)________________, milyen volt egy rokonának az 2)________________.

Anna 3)________________ vicces, hogy a vőlegény 4)________________ részegen 5)________________ a ruháit és elaludt a 6)________________ alatt.

# C3 | NYELVTANI FELADATOK 문법 문제

## 1. KIEGÉSZÍTÉS 채워 넣기

**Pótolja a hiányzó végződéseket! 빈칸에 알맞은 어미를 넣어 문장을 완성하시오!**

1) Szia, ideülhetek hoz__________?

2) Gazdagok, nagyon jól megy nek__________.

3) A nagyszüleim 60 év__________ házas__________.

4) Nagyon jól néz ki, egy csinos ruha van rajt__________.

5) Zoli még nem tud ról__________, hogy itt vagyok.

## 2. KIEGÉSZÍTÉS 채워 넣기

**Írja be az alábbi igéket a megfelelő alakban az alábbi szövegbe! Ügyeljen az igeidők helyes használatára! 다음 동사를 적합한 형태로 변형하여 텍스트에 적어 넣으시오! 동사 지배격 사용에 유의하시오!**

| | | | |
|---|---|---|---|
| találkozik | jár | készít | történik |
| mesél | megmutat | elmesél | eltűnik |
| megtalál | lesz | levet | lefekszik |

Szumi és Anna 1)______________ a büfében. Anna arról 2)______________, milyen volt az esküvő, ahol nemrég 3)______________. 4)______________ a képeket is, amiket az esküvőn 5)______________. 6)______________, hogy egy nagyon kellemetlen dolog is 7)______________: 8)______________ a vőlegény öccse. Amikor 9)______________, még kellemetlenebb 10)______________ a helyzet, mert a fiú részegen 11)______________ a ruháit, és 12)______________ aludni a zongora alá.

## D AKTÍV NYELVHASZNÁLAT 능동적 언어구사

### 1. DIALÓGUSÉPÍTÉS 대화 구성하기

**Rakja sorba az alábbi mondatokat, hogy értelmes párbeszédet kapjon! 의미 있는 대화가 가능하도록 문장의 순서를 배열하시오!**

1) ________ → ________ → ________ → ________ → ________ → ________

a. Most?

b. Hát persze.

c. Nekem nem.

d. Zoli, szeretnék magunkról egy szelfit.

e. Semmi baj a hajaddal. Nekem tetszik.

f. Pont most, amikor ilyen rossz a hajam?

2) ________ → ________ → ________ → ________ → ________ → ________

a. Rendben.

b. Milyen buliba?

c. Érted megyek este 9-re, jó?

d. Eljössz velem a holnap esti buliba?

e. Tudod, a buliba az egyetemi klubban!

f. Persze, szívesen. Hol és mikor találkozunk?

3) ________ → ________ → ________ → ________ → ________ → ________

a. Hát…, kicsit.

b. A gyomrom is fáj…

c. Uhh, ennyire látszik?

d. Tessék, ettől meggyógyul.

e. Persze. Tegnap buliban voltál?

f. Leülhetek melléd? Szabad ez a hely?

4) ________ → ________ → ________ → ________ → ________ → ________ → ________

a. Rendben.

b. Ott sem jó. Hm-hm.

c. Hm… A rendőrautó előtt?

d. Milyen igaza van. Akkor talán ott.

e. Szívesen. De éppen itt, a kukák mellett?

f. Inkább menjünk át a városháza másik oldalára.

g. Bocsánat! Fiatalember, csinálna rólunk egy képet?

## 2. BESZÉLGETÉS 채워 넣기

**Alkosson kérdéseket és kérdezze meg a párjától! 의문문을 만들고 대화 상대에게 질문하시오!**

**1) Van testvéred?**

① Van egy/két/__________húgom. ② Van egy/két/__________nővérem.

③ Van egy/két/__________öcsém. ④ Van egy/két/__________bátyám.

**2) Vannak unokatestvéreid?**

① Van egy/két/__________unokahúgom. ② Van egy/két/__________unokanővérem.

③ Van egy/két/__________unokaöcsém. ④ Van egy/két/__________unokabátyám.

**3) Élnek a nagyszüleid / dédszüleid?**

① Igen, él a________________ és a________________.

② Nem, a________________ és a________________már meghalt.

**4)A szüleiddel laksz vagy kollégiumban / albérletben?**

① A szüleimmel lakom. ② Kollégiumban lakom.

③ Albérletben lakom. ④ A saját lakásomban lakom.

**5) Mikor voltál utoljára esküvőn?**

① Idén. ② Tavaly. ③ Tavalyelőtt. ④ Régen.

## 3. KÉPLEÍRÁS 그림 설명하기

**Mesélje el, mit lát a képeken! 그림에 대해 설명하시오! 다음 주어진 텍스트의 빈칸을 채워 완성하시오!**

Ezen a képen egy ____________________-t látunk. Egy ____________________-on ül. Menyasszonyi ____________________-t visel. Egyedül van, nincs vele ____________________.

Hol van a vőlegény? Miért ül itt a menyasszony? Nagyon különös. Talán elfáradt.

A menyasszony haja ____________________, a szeme is ____________________. Hátul az emberek meleg, ____________________ruhában vannak. De a fák ____________________, talán ____________________van. A menyasszony nem ____________________ékszereket. Ez is nagyon különös.

# E HALLÁS UTÁNI SZÖVEGÉRTÉS 듣기 연습

## E1 HANGANYAG 듣기 텍스트 1

### 1. FELELETVÁLASZTÓS TESZT 맞는 답 고르기

**Válaszoljon a hallott szövegre vonatkozó kérdésekre! 텍스트를 듣고 질문에 답하시오!**

**1) Hány éves Zoli?**

Ⓐ 12.
Ⓑ 21.
Ⓒ Nem tudni.
Ⓓ 33.

**2) Milyen most a frizurája?**

Ⓐ Szőke, hosszú, egyenes.
Ⓑ Göndör barna haja van.
Ⓒ Rövid, hullámos, szőke haja van.
Ⓓ Most éppen kopasz.

**3) Hogy sikerültek Zoli vizsgái?**

Ⓐ Nem vizsgázott.
Ⓑ Most nagyon jól sikerültek.
Ⓒ Most is jól sikerültek.
Ⓓ Sajnos nem jól, ezért lett kopasz.

**4) Miért lettek szomorúak a szülei?**

Ⓐ Mert rosszak lettek a jegyei.
Ⓑ Mert lefeküdt a zongora alá.
Ⓒ Mert kopaszra vágatta a haját.
Ⓓ Mert lányt szerettek volna.

**5) Mit fog csinálni Zoli a következő 10 évben?**

Ⓐ Mérnöknek tanul.
Ⓑ Családot alapít: megnősül és gyerekei lesznek.
Ⓒ Megtanul zongorázni.
Ⓓ Megnöveszti a haját.

## 2. KIEGÉSZÍTÉS 채워 넣기

**A hallott szöveg alapján illessze be a szavakat a mondatokba! 텍스트를 듣고 적합한 단어를 골라 문장에 채워 넣으시오!**

| huszonegy | kopasz | kellemetlen | nem is tudja |
|---|---|---|---|
| tizenkét | hosszú hajú | kellemes | tud róla |

Zoli 1)________________ éves, 2)________________, egyetemista fiú. Nagyon 3)________________ helyzetbe került: egy szál alsónadrágban és nyakkendőben elaludt a zongora alatt a bátya esküvőjén. 4)________________, hogy Anna lefényképezte őt egy szál abroszban.

## E2 | HANGANYAG 듣기 텍스트 2

### 1. FELELETVÁLASZTÓS TESZT 맞는 답 고르기

**Válaszoljon a hallott szövegre vonatkozó kérdésekre! 텍스트를 듣고 질문에 답하시오!**

**1) Kik beszélgetnek?**

Ⓐ Szumi és Zoli.
Ⓑ Szumi és Bogi.
Ⓒ Szumi és Bence.
Ⓓ Szumi és Anna.

**2) Hova megy Szumi?**

Ⓐ Visszamegy Koreába.
Ⓑ Bevásárolni.
Ⓒ Egy esküvőre.
Ⓓ A büfébe.

**3) Mikor megy oda?**

Ⓐ Most.
Ⓑ A következő héten.
Ⓒ A jövő hónapban.
Ⓓ Egy félév múlva.

**4) Minek örül Szumi?**

Ⓐ Hogy Zoli megkérte a kezét.
Ⓑ Hogy jók lettek a jegyei.
Ⓒ Hogy találkozhat a családjával.
Ⓓ Hogy olcsó a repülőjegy.

**5) Mit kérdezett utoljára Zoli Szumitól?**

Ⓐ Hogy hol lakik Koreában.
Ⓑ Hogy mi az e-mail címe.
Ⓒ Hogy jár-e valakivel otthon.
Ⓓ Hogy vannak-e barátai.

## 2. KIEGÉSZÍTÉS 채워 넣기

**A hallott szöveg alapján illessze be a szavakat a mondatokba! 텍스트를 듣고 적합한 단어를 골라 문장에 채워 넣으시오!**

| | | | |
|---|---|---|---|
| csoporttársa | hazautazik | kíváncsi | megkérdezi |
| rokona | elviszi | várja | elmondja |

Zoli Szumi egyik 1)______________________. Arról beszélgetnek Szumival, hogy a lány 2)________________ Koreába. Szumi már nagyon 3)________________, hogy újra lássa a családját és barátait. Zoli 4)_______________, hogy van-e Szuminak barátja Koreában.

# 부록

# 정답

## ✔ 1. lecke

### C. GYAKORLATOK 연습문제

#### C1 | SZÓKINCSGYAKORLATOK 어휘 연습

**1.**

1) magyar szakos
2) reggelizik
3) mivel
4) tízórai
5) kollégium
6) kedv
7) találkozik
8) uzsonna
9) szobatárs
10) választ
11) kocsi
12) szokott
13) ismerős
14) öltözik
15) indul
16) gyalog

**2.**

1) ennivaló, pl. melegszendvics
2) limonádé
3) szombat, vasárnap
4) kollégium
5) biciklivel, busszal, gyalog megy
6) remek

**3.**

1) szuper
2) előtte
3) utál
4) nincs kedve
5) rossz
6) érkezik
7) válaszol
8) felöltözik
9) megy
10) kis idő múlva

#### C2 | SZÖVEGÉRTÉSI FELADATOK 본문 독해 문제

**1.**

1) hamis / Szumi magyar szakos egyetemista.
2) hamis / Szumi kollégiumban lakik egy kétágyas szobában.
3) igaz
4) hamis / Bori reggelizik a konyhában.
5) hamis / A lányok a (kollégiumi) konyhában reggeliznek.
6) igaz
7) hamis / Bori nem szeret az interneten rendelni.
8) hamis / A lányok Anna kocsijával mennek.
9) igaz

**2**

1) Ⓐ
2) Ⓐ
3) Ⓑ
4) Ⓐ
5) Ⓑ
6) Ⓓ

### 3.

Szumi és magyar Ⓒ**szobatársa**, Bori éppen reggeliznek. Sajnos nincs Ⓓ**otthon** semmi ennivaló, ezért elmennek Ⓐ**bevásárolni** Bori Ⓑ**barátnője**, Anna elviszi őket kocsival.

## C3 | NYELVTANI FELADATOK 문법 문제

### 1.

1) Szumi reggelizik a konyhában.
2) Melegszendvicset eszik és limonádét iszik.
3) De még éhesek. Borival elmennek bevásárolni.
4) Bori barátnője, Anna elviszi őket a boltba.

### 2.

1) reggelizik
2) esznek, isznak
3) vásárolni
4) szeret
5) választani
6) szokott
7) menni, üzen
8) mennek

### 3.

1) C
2) A
3) B
4) F
5) D
6) E

## D. AKTÍV NYELVHASZNÁLAT 능동적 언어구사

### 1.

1) b → d → a → c
2) e → d → c → f → a → b
3) e → c → b → d → a
4) c → b → d → a

## E. HALLÁS UTÁNI SZÖVEGÉRTÉS 듣기 연습

### E1 | 듣기 텍스트 1

| 듣기 대본 |
|---|
| Bence 23 éves magyar fiú. Informatikát tanul az egyetemen. Sokat szokott ülni a gép előtt, de szeret sportolni is. Szabadidejében sokat kirándul, de szeret olvasni, zenét hallgatni és filmet nézni is. Ugyanazon az emeleten lakik a kollégiumban, mint Szumi és Bori. |

### 1.

1) Ⓒ
2) Ⓓ
3) Ⓐ
4) Ⓑ
5) Ⓑ

### 2.

Bence **huszonhárom** éves. **Informatikát** tanul az egyetemen. **Ugyanott** lakik, mint Bori. Szabadidejében sportol, olvas, és sok **filmet néz**.

### E2 | 듣기 텍스트 2

| 듣기 대본 |
|---|
| – Zoli, nincs kedved eljönni velünk bevásárolni? |

– Hova mentek?

– Csak ide a kisboltba. Veszünk enni- és innivalót.

– Rendben. Máris öltözöm!

### 1.

1) Ⓒ

2) Ⓑ

3) Ⓐ

4) Ⓐ

5) Ⓓ

### 2.

Valószínűleg Zoli is **kollégiumban** lakik. **A fiúk** vásárolni indulnak. **Őt is** hívják vásárolni. Zoli gyorsan megy **átöltözni**.

## ✔ 2. lecke

## C. GYAKORLATOK 연습문제

### C1 | SZÓKINCSGYAKORLATOK 어휘 연습

### 1.

1) apr**ó**pénz

2) szén**s**avas

3) geszt**e**nye

4) tejsz**í**nhab

5) cuk**k**ini

6) bankk**á**rtya

7) pap**ír**pénz

8) guly**á**sleves

9) term**é**szetesen

10) föld**sz**int

11) üz**l**et

12) édesb**u**rgonya

### 2.

1) aprópénz

2) szól

3) vásárló

4) eladó

5) üdítő

6) kolbász, szalámi

7) hűtő

8) burgonya

9) zöldség

10) gulyás

### 3.

1) mindent

2) itt

3) kevés

4) kicsi

5) veszünk

6) erős

7) üres

8) a következő / a jövő hétre

9) szénsavas

10) kiszállnak

### C2 | SZÖVEGÉRTÉSI FELADATOK 본문 독해 문제

### 1.

1) hamis / A lányok kocsival mennek bevásárolni.

2) hamis / Anna tud kocsit vezetni.

3) igaz

4) hamis / A szupermarketnél működnek a bevásárlókocsik.

5) igaz

6) igaz

7) hamis / Az üzletben sok a vásárló.

8) igaz

9) hamis / A gulyásba kell hús. / A gulyásba kell húst tenni.

10) hamis / A paprika nem mindig erős.

11) hamis / Ma (is) vesznek gyümölcsöket.

## 2.

1) Ⓒ

2) Ⓐ

3) Ⓒ

4) Ⓓ

5) Ⓒ

6) Ⓓ

## 3.

A szupermarketben bevásárlókocsiba vagy kosárba lehet Ⓐpakolni az árut.

A Ⓒpénztárnál lehet fizetni.

A bevásárlókocsi Ⓑaprópénzzel működik: egy százforintost kell bele tenni.

A lányok megveszik az élelmiszereket a Ⓓkövetkező hétre.

## C3 | NYELVTANI FELADATOK 문법 문제

### 1.

Nem tudom, mi kell a gulyásba. Betettem az árut a kocsiba. Merre találom a zöldségeket? Jobbra a második sorban. A pénztárnál beálltam a sorba.

### 2.

1) árut

2) kacsacombot

3) karfiolt

4) búzalisztet

5) cukrot

6) ecetet

7) mézet

8) őszibarackot

9) szilvát

10) tököt

11) zöldbabot

12) baracklét

13) tejet

14) teát

15) kávét

16) kakaót

17) sört

18) vörösbort

19) barackpálinkát

20) forintot

21) készpénzzel

22) pénzt

23) forintot

24) pénzt

25) kasszába

26) visszajárót

27) többieket

28) kódokat

29) pénztárcáját

30) bankkártyáját

31) héten

32) Rendben

33) kocsiba

34) plázában

## D. AKTÍV NYELVHASZNÁLAT 능동적 언어구사

### 1.

1) c → b → a → d

2) c → b → f → d → a → e

3) a → c → d → b

4) d → b → a → c

### 2.

1) E

2) C

3) A

4) F

5) D

6) B

## E. HALLÁS UTÁNI SZÖVEGÉRTÉS 듣기 연습

### E1 | 듣기 텍스트 1

| 듣기 대본 |
|---|
| [Beszélők: eladólány és Bence]<br>– Szia! Mit adhatok?<br>– Kérek egy fél kiló kenyeret, vajat, 30 deka Pick-szalámit és egy kiló sót.<br>– Tessék! Másvalamit?<br>– Még egy doboz teát légy szíves.<br>– Tessék. Mást esetleg?<br>– Köszönöm, ennyi elég lesz.<br>– Szatyrot adhatok?<br>– Köszönöm, van nálam.<br>– 3799 forint lesz.<br>– Tessék!<br>– Köszönöm! |

### 1.

1) Ⓒ

2) Ⓓ

3) Ⓒ

4) Ⓐ

5) Ⓓ

### 2.

Bence vásárol a kisboltban. Az eladólány tegezi, mert mindketten fiatalok. Bence valószínűleg eszik húst. Mindig visz magával táskát, ha vásárolni megy.

### E2 | 듣기 텍스트 2

| 듣기 대본 |
|---|
| [Eladólány+Zoli]<br>– Szia! Mit adhatok?<br>– Kérek nyolc zsömlét, egy csomag vajat, 30 deka sajtot, fél kiló paradicsomot és 4 paprikát.<br>– Tessék! Másvalamit?<br>– Mást nem. Köszönöm.<br>– Szatyrot adhatok?<br>– Köszönöm, van nálam.<br>– 3799 forint lesz.<br>– Kártyával tudok fizetni?<br>– Sajnos nem.<br>– Értem. Tessék.<br>– Tessék a visszajáró.<br>– Köszönöm. Viszlát!<br>– Szép napot! |

### 1.

1) Ⓐ

2) Ⓑ

3) Ⓒ

4) Ⓒ

5) Ⓒ

**2.**

Zoli is a kisboltban vásárolt. Vett húst. Kártyával szeretne fizetni. Vitt magával szatyrot.

## ✔ 3. lecke

### C. GYAKORLATOK 연습문제

#### C1 | SZÓKINCSGYAKORLATOK 어휘 연습

**1.**

1) bepakol
2) válogat
3) nézelődik
4) pöttyös
5) csíkos
6) töltő
7) kockás
8) divatos

**2.**

1) nézelődik /válogat
2) bölcs
3) más, mint
4) divatos
5) fejhallgató
6) elromlott
7) vidám
8) válogat
9) üzletház, szupermarket, hipermarket, pláza
10) szatyor, hátizsák
11) klasszikus
12) szép, csinos

**3.**

1) jobb
2) okos / bölcs
3) új
4) vidáman
5) elromlott
6) betesz / feltesz
7) divatos
8) remek / csodaszép
9) megvesz / megvásárol

#### C2 | SZÖVEGÉRTÉSI FELADATOK 본문 독해 문제

**1.**

1) hamis / A lányok nem biciklivel mennek bevásárolni. / A lányok kocsival mennek bevásárolni.
2) hamis / Anna sokáig válogat.
3) igaz
4) igaz
5) hamis / A töltőt nem lehet a ruhaboltban megvásárolni. / A töltőt az elektronikai üzletben lehet megvásárolni.

**2.**

1) Ⓑ
2) Ⓓ
3) Ⓑ
4) Ⓒ
5) Ⓐ
6) Ⓒ

### 3.

Ⓑ, Ⓐ, Ⓓ, Ⓔ, Ⓒ, Ⓕ

## C3 | NYELVTANI FELADATOK 문법 문제

### 1.

1) csinosabb
2) kényelmesebb
3) Jobban
4) divatosabb
5) hosszabb
6) jobban
7) rövidebb

### 2.

1) napot
2) Fülhallgatót
3) márkájút?
4) jobbat
5) olcsóbbat
6) tetszik
7) fehéret
8) kérem
9) Rendben

### 3.

megvették, bepakolták, visszamentek, bementek, válogatott, nézelődött, kiválasztottak, kérdezte, volt, mondta, próbált fel, felelte, kifizették, betették, visszamentek, bementek, elromlott, kérdezte

## D. AKTÍV NYELVHASZNÁLAT 능동적 언어구사

### 1.

1) d → b → a → c
2) f → d → c → a → e → b
3) d → c → b → a → e
4) c → a → b → d

### 2.

1) D
2) A
3) B
4) F
5) C
6) E

## E. HALLÁS UTÁNI SZÖVEGÉRTÉS 듣기 연습

### E1 | 듣기 텍스트 1

| 듣기 대본 |
|---|
| [Beszélők: eladófiú az informatikai üzletben és Bence]<br>– Szia! Segíthetek?<br>– Szia! Igen. A fejhallgatókat keresem.<br>– A laptopok mellett vannak.<br>– Köszönöm.<br>– Nincs mit. Másban tudok segíteni?<br>– Köszönöm, egyelőre nem.<br>– Oké! Viszlát!<br>– Viszlát! |

### 1.

1) Ⓒ
2) Ⓒ

3) Ⓑ

4) Ⓓ

5) Ⓓ

**2.**

1) nem keresi

2) megkérdezi

3) a fejhallgatókat

4) Mást nem akar.

### E2 | 듣기 텍스트 2

| 듣기 대본 |
|---|
| [Eladónő+Zoli] |
| – Jó napot kívánok! Segíthetek? |
| – Jó napot kívánok! Egy könyvet keresek. |
| – Tudja a címét? |
| – Sajnos elfelejtettem. Egy új könyv... |
| – Miről szól? |
| – Az informatikáról. |
| – Az informatikai könyveket a pénztár mellett találja. |
| – Köszönöm szépen. |
| – Kérem. |

**1.**

1) Ⓐ

2) Ⓓ

3) Ⓒ

4) Ⓓ

5) Ⓒ

**2.**

1) egy könyvesboltban

2) könyvet

3) címét

4) a pénztár

## ✔ 4. lecke

### C. GYAKORLATOK 연습문제

### C1 | SZÓKINCSGYAKORLATOK 어휘 연습

**1.**

1) vár

2) meleg

3) szeles

4) völgy

5) ködös

6) körutazás

7) járat

8) reptér

9) szerencsésen

10) kirándul

11) kánikula

12) hőség

**2.**

1) vicces

2) hangulatos

3) történelmi

4) kánikula, hőség

5) zuhog

6) átszáll

7) poggyász, csomag

8) szünet

### 3.

1) hőség, kánikula

2) völgy

3) ideges

4) nyár

5) ősz

### 4.

1) hűvös

2) meleg

3) ködös

4) idő

5) szél

6) hideg

7) napos

8) esik

9) kellemes

### 5.

| utazás | időjárás | melléknevek |
|---|---|---|
| nyaral | ködös | szép |
| meglátogat | szeles | ideges |
| pihen | süt | kellemetlen |
| szállás | zuhog | vicces |
| repülő | hőség | kellemes |
| poggyász | | ködös |
| kirándul | | szeles |

## C2 | SZÖVEGÉRTÉSI FELADATOK 본문 독해 문제

### 1.

1) hamis / Bori a barátaival nem Miskolcra utazott.

2) igaz

3) hamis / Az utazás alatt nem sütött mindig a nap.

4) hamis / Szumi egy körutazáson vett részt Spanyolországban.

5) igaz

6) igaz

### 2.

1) B

2) C

3) B

4) D

5) A

### 3.

menzán / meglátogattuk / zuhog / körutazáson / pihentünk

## C3 | NYELVTANI FELADATOK 문법 문제

### 1.

1) csináltál, utaztál

2) nyaraltunk

3) fújt

4) sütött / jött / zuhogott

### 2.

1) Milyen gyakran

2) Mikor

3) Milyen

4) Mennyi

### 3.

1) B

2) A

3) E

4) C

5) F

6) D

## D. AKTÍV NYELVHASZNÁLAT 능동적 언어구사

### 1.

1) b → a → d → c → e

2) d → f → c → a → e → g → b

3) f → d → e → h → k → a → j → g → i → b → c

### 2.

1) B

2) D

3) A

4) C

5) E

6) F

## E. HALLÁS UTÁNI SZÖVEGÉRTÉS 듣기 연습

### E1 | 듣기 텍스트 1

| 듣기 대본 |
| --- |
| Lugosi Bella vagyok, idegenvezető, negyvenéves. A nagy fiam, Bence már egyetemista. Informatikát tanul. Van egy kisfiam is; a neve Milán. Ő még csak ötéves. Óvodás. A férjem Kovács Gábor, angoltanár. Szeretjük a természetet. Sokat kirándulunk a gyerekekkel. Persze amióta Bence egyetemre jár, ritkán tud velünk jönni. |

### 1.

1) Ⓓ

2) Ⓒ

3) Ⓐ

4) Ⓒ

5) Ⓒ

### 2.

idegenvezető / egyetemen / jár / angoltanár / kirándulnak

### E2 | 듣기 텍스트 2

| 듣기 대본 |
| --- |
| 1)~2)<br>Nő: Mikor lesz a névnapod?<br>Férfi: A jövő héten, 15-én.<br>Nő: Mit fogsz csinálni?<br>Férfi: Megünneplem a barátaimmal. Téged is meghívlak.<br>3)~5)<br>Férfi: Tessék kérni!<br>Nő: Három tepertős pogácsát kérek. És két kakaós kiflit.<br>Férfi: Tessék. Más adhatok?<br>Nő: Friss a mákos rétes?<br>Férfi: Igen, nemrég hozták. Még langyos.<br>Nő: Akkor kérek egyet… |

### 1.

1) Ⓒ

2) Ⓑ

3) Ⓓ

4) Ⓑ

5) Ⓒ

## ✔ 5. lecke

### C. GYAKORLATOK 연습문제

#### C1 | SZÓKINCSGYAKORLATOK 어휘 연습

**1.**

1) kirándul
2) kerékpár
3) túra
4) képeslap
5) vonat
6) borász
7) kerék
8) dönt

**2.**

1) biciklikirándulás
2) fogadó
3) szálloda
4) nagyszerű
5) gazdálkodó
6) éjszakát tölt valahol

**3.**

1) napfényes / világos
2) nagyszerű
3) fáradt
4) siet
5) hagyománya van

#### C2 | SZÖVEGÉRTÉSI FELADATOK 본문 독해 문제

**1.**

1) H / Szumi a Balatonhoz utazott.
2) H / Szumi egy képeslapot írt.
3) H / A barátok szeretnek sportolni.
4) H / Szumi nem szokott napozni.
5) H / A Balatonnál sütött a nap.
6) H / A borász (is) szereti a bort.

**2.**

1) Ⓓ
2) Ⓑ
3) Ⓒ
4) Ⓑ
5) Ⓓ
6) Ⓑ

**3.**

1) Ⓐ
2) Ⓒ
3) Ⓔ
4) Ⓑ
5) Ⓓ
6) Ⓕ

## C3 | NYELVTANI FELADATOK 문법 문제

### 1.

1)

| szótári alak | én | te | ő | mi | ti | ők |
|---|---|---|---|---|---|---|
| jön | jöttem | jöttél | jött | jöttünk | jöttetek | jöttek |
| megy | mentem | mentél | ment | mentünk | mentetek | mentek |
| dönt | döntöttem | döntöttél | döntött | döntöttünk | döntöttetek | döntöttek |
| köszönt | köszöntöttem | köszöntöttél | köszöntött | köszöntöttünk | köszöntöttetek | köszöntöttek |
| költ | költöttem | költöttél | költött | költöttünk | költöttetek | költöttek |
| találkozik | találkoztam | találkoztál | találkozott | találkoztunk | találkoztatok | találkoztak |
| sportol | sportoltam | sportoltál | sportolt | sportoltunk | sportoltatok | sportoltak |
| csinál | csináltam | csináltál | csinált | csináltunk | csináltatok | csináltak |
| van | voltam | voltál | volt | voltunk | voltatok | voltak |

2)

| szótári alak | én | te | ő | mi | ti | ők |
|---|---|---|---|---|---|---|
| megkér | megkértem | megkérted | megkérte | megkértük | megkértétek | megkérték |
| költ | költöttem | költötted | költötte | költöttük | költöttétek | költötték |
| üdvözöl | üdvözöltem | üdvözölted | üdvözölte | üdvözöltük | üdvözöltétek | üdvözölték |
| bemutat | bemutattam | bemutattad | bemutatta | bemutattuk | bemutattátok | bemutatták |
| elfelejt | elfelejtettem | elfelejtetted | elfelejtette | elfelejtettük | elfelejtettétek | elfelejtették |
| meglátogat | meglátogattam | meglátogattad | meglátogatta | meglátogattuk | meglátogattátok | meglátogatták |
| megkóstol | megkóstoltam | megkóstoltad | megkóstolta | megkóstoltuk | megkóstoltátok | megkóstolták |
| köszönt | köszöntöttem | köszöntötted | köszöntötte | köszöntöttük | köszöntöttétek | köszöntötték |

### 2.

1) Meglátogatott

2) elmesélte

3) Segített

4) Megkóstolta

5) meglátogatták

6) bemutatta

7) döntöttek

8) szórakozott

### 3.

1) érkeztünk

2) utazom

3) utaznak

4) napozott

5) volt

6) táncolt

7) Megkóstoltam; vízibicikliztünk

8) elmentünk

9) béreltek; kerékpároztak

10) eljutottunk

## D. AKTÍV NYELVHASZNÁLAT 능동적 언어구사

### 1.

1) d → c → e → a → f → b

2) b → f → a → d → e → c

3) d → e → a → c → b → f

### 2.

1) D

2) F

3) E

4) B

5) C

6) A

## E. HALLÁS UTÁNI SZÖVEGÉRTÉS 듣기 연습

### E1 | 듣기 텍스트 1

| 듣기 대본 |
|---|
| A Balatonhoz el lehet jutni autóval, vonattal, de még repülővel is. Nemcsak magyarok, hanem külföldiek is nyaralnak a Balatonnál. Budapest után ide jön a legtöbb külföldi turista. A falusi szálláshelyeken, vendégházakban általában olcsóbbak a szállások, mint egy szállodában vagy motelben. A Balaton környékén számos nyaralási program és úti cél közül választhatunk. A magyarok úgy hívják a Balatont: „a magyar tenger". |

### 1.

1) Ⓑ

2) Ⓑ

3) Ⓓ

4) Ⓓ

5) Ⓒ

### 2.

1) tenger

2) jutni

3) szálláshelyet

4) szőlészet

5) üdülési

6) élményekkel

### E2 | 듣기 텍스트 2

| 듣기 대본 |
|---|
| Az aktív pihenés azt jelenti, hogy üdülés közben sportolunk, és nem csak fekszünk és napozunk a strandon. A Balaton környékén sokat túrázhatunk, kirándulhatunk. Például kerékpártúrához kerékpárt kölcsönözhetünk, vagy hajókirándulásra is mehetünk. A biciklitúra nagyon egészséges. De a nyári nap nagyon erős, ezért naptejet kell használni, és sapkát vagy kalapot kell viselni. Jó az is, ha van nálunk esőkabát, ha jönne egy hirtelen zápor. |

### 1.

1) Ⓒ

2) Ⓓ

3) Ⓓ

4) Ⓐ

**2.**

1) nyáron

2) naptej

3) kalapot

4) déli

## ✔ 6. lecke

### C. GYAKORLATOK 연습문제

#### C1 | SZÓKINCSGYAKORLATOK 어휘 연습

**1.**

1) külföldi

2) gyerekkor

3) menedzser

4) cég

5) gyár

6) központ

7) gyomor

8) torok

9) fej / fáj

10) hát

**2.**

1) cég

2) doktornő / doktor

3) ágynyugalom

4) folyadék

5) segítőkész

6) jól sikerül a vizsgája

**3.**

1) nincs jól, nem érzi jól magát, beteg

2) beteg

3) pihenés

4) könnyű

5) segítőkész

6) rosszabbul lesz

**4.**

| Pozitív tulajdonságok | | Negatív tulajdonságok |
|---|---|---|
| kedves | ↔ | mérges |
| pontos | ↔ | pontatlan |
| érdekes | ↔ | unalmas |
| segítőkész | ↔ | nem segítőkész |
| szorgalmas | ↔ | lusta |
| okos | ↔ | buta |
| kellemes | ↔ | kellemetlen |
| türelmes | ↔ | türelmetlen |

#### C2 | SZÖVEGÉRTÉSI FELADATOK 본문 독해 문제

**1.**

1) H / Szumi nem az egyetemi évei alatt jött először Magyarországra, hanem kicsi korában.

2) I

3) I

4) I

5) H / Szumi nem járt magyar iskolába.

6) H / Szuminak influenzája van. / Szumi influenzás. / Szumi nem koronavírusos, hanem influenzás.

**2.**

1) Ⓒ

2) Ⓑ

3) Ⓒ

4) Ⓑ

5) Ⓓ

### 3.

1) általános

2) középiskolai

3) végeztem

4) nyelveket

5) tanultam

6) ismerkedtem

7) továbbtanulni

## C3 | NYELVTANI FELADATOK 문법 문제

### 1.

1) ① dolgozol / dolgoznál
② érdekelnek
③ szereznél
④ keresünk
⑤ vagy

2) ① keresünk
② Elvárjuk

### 2.

1) Hol

2) Mivel

3) Miért

4) Mikor, Mit

## D. AKTÍV NYELVHASZNÁLAT 능동적 언어구사

### 1.

1) d → c → b → e → f → a

2) a → c → b → d → f → e

3) c → e → f → b → a → d

## E. HALLÁS UTÁNI SZÖVEGÉRTÉS 듣기 연습

### E1 | 듣기 텍스트 1

| 듣기 대본 |
| --- |
| A nevem Tiina Laihonen. Finn vagyok, és tanárként dolgozom az egyetemen. Harmincéves vagyok. Öt éve élek Budapesten a családommal együtt. Már Helsinkiben is tanultam kicsit magyarul. A kislányom magyar óvodába jár, és lassan jobban beszéli a nyelvet, mint én. |

### 1.

1) Ⓒ

2) Ⓒ

3) Ⓑ

4) Ⓑ

5) Ⓓ

### 2.

1) tanárként

2) Harminc

3) Öt éve

4) tanultam

5) jobban

### E2 | 듣기 텍스트 2

| 듣기 대본 |
| --- |
| Az édesapám 1970-ben Budapesten született. 1993-ban megnősült, majd Szegedre költöztek. 2010 professzornak nevezték ki a Szegedi Egyetemre. Itt informatikával kezdett foglalkozni. 2015-ben a Harvard Egyetemen adott elő, és kicsit később csatlakozott az egyetem kutatócsoportjához. |

**1.**

1) Ⓒ

2) Ⓑ

3) Ⓓ

4) Ⓐ

5) Ⓐ

**2.**

1) született

2) megnősült

3) költöztek

4) nevezték

5) kezdett

6) adott elő

7) csatlakozott

## ✔ 7. lecke

### C. GYAKORLATOK 연습문제

#### C1 | SZÓKINCSGYAKORLATOK 어휘 연습

**1.**

1) színház

2) előadás

3) táncház

4) együttes

5) zenész

6) ismerős

7) megbeszél

8) sportol

9) edzőterem

10) gyakrabban

11) hétvége

12) hangzik

**2.**

1) musical

2) sorozatok

3) vígjáték

4) sci-fi

5) szimpatikus

6) ügyesen

7) Szuper!

8) Ismerős

9) megtetszik

**3.**

1) remekül

2) szimpatikus

3) ügyes

4) Remek! / Szuper!

5) ritkábban

**4.**

| mozi | színház |
|---|---|
| vetítés | előadás |
| film | darab / színdarab |
| mozijegy | színházjegy |
| sor | sor |
| gyorsbüfé | büfé |

#### C2 | SZÖVEGÉRTÉSI FELADATOK 본문 독해 문제

**1.**

1) I

2) H / Kata és András Szegeden laknak.

3) H / András és Kata volt pénteken este moziban.

4) I

5) H / András nem szereti a horrorfilmeket.

6) H / Kata és András szombaton este voltak táncházban.

7) I

8) I

9) I

10) I

## 2.

1) Ⓓ

2) Ⓒ

3) Ⓑ

4) Ⓓ

5) Ⓒ

## 3.

1) darabot

2) előadás

3) Nekem

4) műfaj

5) életemben

6) sztár

## C3 | NYELVTANI FELADATOK 문법 문제

## 1.

1) felébredtem

2) felkeltem

3) Bementem

4) megfürödtem

5) énekeltem

6) megborotválkoztam

7) megfésülködtem

8) Felöltöztem

9) hallgattam

10) Felvettem

11) Lekapcsoltam

12) Kiléptem

13) Becsuktam

14) megérkeztem

15) Megvettem

16) Kijöttem

17) Vártam

18) olvastam

19) megérkezett

20) Bementünk

21) Betettük

22) Leültünk

23) elkezdődött

## 2.

1) amiről

2) akivel

3) akiknek

4) ahol

5) amit

6) akivel

7) amit

8) amit

9) ahova

10) akivel

## 3.

1) Miért

2) Mikor

3) Mit

4) Melyik

5) Mióta

### 4.

1) Mi a neved? / Mi a neve?

2) Honnan jöttél? / Honnét jöttél? / Honnan jött? / Honnét jött?

3) Hogy vagy? / Hogy érzi magát?

4) Melyik busz megy oda?

5) Miért nem voltál / volt operában?

6) Kik ők? / Ők kik?

7) Mikor és hol találkozunk?

8) Mi jár a fejedben? / Mire gondolsz? / Mire gondol?

## D. AKTÍV NYELVHASZNÁLAT 능동적 언어구사

### 1.

1) b → f → c → a → d → e → g

2) d → e → b → f → a → c → g

3) c → d → e → h → b → f → g → i → a

### 3.

| ORSZÁG | NÉP | MILYEN NYELVEN? |
|---|---|---|
| Albánia | albán | albánul |
| Andorra | andorraiak | franciául, spanyolul, portugálul |
| Ausztria | osztrákok | németül |
| Azerbajdzsán | azeriek | azeriül |
| Belgium | belgák | flamandul, franciául |
| Bosznia-Hercegovina | bosnyákok | bosnyákul |
| Bulgária | bolgárok | bolgárul |
| Ciprus | görögök, törökök | görögül, törökül |
| Csehország | csehek | csehül |
| Dánia | dánok | dánul |
| Egyesült Királyság | angolok, skótok, írek, velsziek | angolul, skótul, írül, velsziül |
| Észak-Macedónia | macedónok | macedónul |

| | | |
|---|---|---|
| Észtország | észtek | észtül |
| Fehéroroszország | beloruszok=fehéroroszok | beloruszul=fehéroroszul |
| Finnország | finnek, lappok, svédek | finnül, lappul, svédül |
| Franciaország | franciák | franciául |
| Görögország | görögök | görögül |
| Grúzia | grúzok | grúzul |
| Hollandia | hollandok | hollandul |
| Horvátország | horvátok | horvátul |
| Írország | írek | írül |
| Izland | izlandiak | izlandiul |
| Kazahsztán | kazahok=kazakok | kazahul=kazakul |
| Lengyelország | lengyelek | lengyelül |
| Lettország | lettek | lettül |
| Liechtenstein | lichtensteiniek | németül |
| Litvánia | litvánok | litvánul |
| Luxemburg | luxemburgiak | luxemburgiul, franciául, németül |
| Magyarország | magyarok | magyarul |
| Málta | máltaiak | máltaiul, angolul |
| Moldova | moldávok | moldávul |
| Monaco | monacóiak | franciául |
| Montenegró | montenegróiak | montenegróiul |
| Németország | németek | németül |
| Norvégia | norvégok, lappok | norvégul, lappul |
| Olaszország | olaszok | olaszul |
| Oroszország | oroszok, lappok, stb. | oroszul, lappul, stb. |
| Örményország | örmények | örményül |
| Portugália | portugálok | portugálul |
| Románia | románok | románul |
| San Marino | sanmarinóiak | olaszul |
| Spanyolország | spanyolok, katalánok, baszkok | spanyolul, katalánul, baszkul |
| Svájc | svájciak | németül, franciául, olaszul |
| Svédország | svédek, lappok | svédül, lappul |
| Szerbia | szerbek | szerbül |
| Szlovákia | szlovákok | szlovákul |
| Szlovénia | szlovének | szlovénül |
| Törökország | törökök, kurdok | törökül, kurdul |
| Ukrajna | ukránok | ukránul |
| Vatikán | – | latinul, olaszul |

## E. HALLÁS UTÁNI SZÖVEGÉRTÉS 듣기 연습

### E1 | 듣기 텍스트 1

| 듣기 대본 |
|---|
| – Anya, elmehetek ma este a barátaimmal moziba? |
| – Mikor? |
| – Nyolckor. |
| – Mit néztek meg? Meddig tart? |
| – Nem emlékszem a címére, valami amerikai sci-fi… Kábé este 10-ig tart. |
| – Rendben. Jó szórakozást! |

**1.**

1) Ⓓ

2) Ⓑ

3) Ⓒ

4) Ⓑ

5) Ⓐ

### E2 | 듣기 텍스트 2

| 듣기 대본 |
|---|
| – Halló! Szia! |
| – Halló! Szia! Mi újság? |
| – Nincs kedved ma eljönni moziba? |
| – Mikor? Milyen filmre? |
| – Az új koreai filmre. Este 8-kor. A Mamutban. |
| – Boldogan! Hol találkozunk? |
| – 20 perccel 8 előtt a pénztárnál. |
| – Rendben. Ott leszek. Szia! |
| – Szia! |

**1.**

1) Ⓑ

2) Ⓓ

3) Ⓐ

4) Ⓓ

5) Ⓒ

# ✔ 8. lecke

## C. GYAKORLATOK 연습문제

### C1 | SZÓKINCSGYAKORLATOK 어휘 연습

**1.**

1) sport

2) úszás

3) foci

4) verseny

5) vízi sport

6) aerobik

7) fitneszklub

8) Forma-1

9) futás

10) tenisz

**2.**

1) tévé

2) imád

3) népszerű

4) jólesik

5) úgy tűnik

**3.**

1) tiszta

2) télen

3) közel

4) nyáron

5) nem ment jól, nem ment túl jól

### 4.

| vízi sportok | csapatsportok | egyéni sportok |
|---|---|---|
| úszás | jéghoki | taekwondo |
| vitorlázás | tollaslabda | tollaslabda |
| vízilabda | korcsolya | úszás |
| | kézilabda | vívás |
| | vízilabda | tenisz |
| | tenisz | sakk |
| | foci | íjászat |
| | | korcsolya |
| | | hódeszka |
| | | torna |
| | | jóga |
| | | fitnesz |
| | | aerobik |

## C2 | SZÖVEGÉRTÉSI FELADATOK 본문 독해 문제

### 1.

1) H / Szumi És Bori teniszmeccset néznek.
2) H / Szumi és Bori a kollégiumban vannak. Szumi és Bori a tévészobában vannak. Szumi és Bori a kollégium tévészobájában vannak.
3) H / Bori szeret úszni.
4) H / Szumi és Bori a sportról beszélgetnek.
5) I
6) I
7) H / Szumi egy héten háromszor fut a parkban.

### 2.

1) Ⓐ
2) Ⓓ
3) Ⓓ
4) Ⓒ
5) Ⓐ

### 3.

1) miatt
2) nincs
3) úszni
4) napozni
5) kedvenc
6) időm
7) gyakran
8) teniszezni

## C3 | NYELVTANI FELADATOK 문법 문제

### 1.

1) úszik, fut és lovagol [úsznak, futnak és lovagolnak]
2) sportolni
3) táncolni
4) mozogsz
5) teniszezem [teniszezek]
6) úszom [úszok]
7) futni
8) Felfutunk
9) lesétálunk

### 2.

1) arról
2) amit
3) abban / amelyik
4) amikor
5) akkor / amikor

### 3.

1) de
2) pedig

3) pedig

4) mégsem

5) mégis

**4.**

1) milyen

2) Mikor

3) Mit

4) Hol

5) Hány

6) Mikor

7) Hol [Merre]

8) Miért

9) Mennyibe

10) Hány

## D. AKTÍV NYELVHASZNÁLAT 능동적 언어구사

**1.**

1) d → c → e → b → f → a

2) d → c → e → a → b → f

3) c → e → b → f → d → a

## E. HALLÁS UTÁNI SZÖVEGÉRTÉS 듣기 연습

### E1 | 듣기 텍스트 1

| 듣기 대본 |
|---|
| A futball világszerte az egyik legnépszerűbb labdajáték. Bárki focizhat, a gyerekek már egészen korán elkezdik rúgni a labdát. Sok energiára van szükség játék közben, de rugalmasságot ad, és erősíti a lábakat. |

**1.**

1) Ⓑ

2) Ⓒ

3) Ⓑ

4) Ⓑ

5) Ⓓ

**2.**

1) labdajáték

2) focizhat

3) rúgni

4) játék

5) erősíti

### E2 | 듣기 텍스트 2

| 듣기 대본 |
|---|
| **Nő:** Gábor, hol vagy már? Indulnunk kell. |
| **Férfi:** Nem találom a táskámat. Egyszerűen eltűnt. |
| **Nő:** Gyorsan, mert a busz nem vár! |

**1.**

Ⓓ

### E3 | 듣기 텍스트 3

| 듣기 대본 |
|---|
| **Nő:** Jó napot kívánok! Tessék kérni! |
| **FÉRFI:** Kezét csókolom! Két jegyet kérek az esti előadásra. |

**1.**

Ⓓ

### E4 | 듣기 텍스트 4

| 듣기 대본 |
| --- |
| **Nő:** Mit sportolsz szívesen? |
| **Férfi:** Úszni szoktam és a hétvégén biciklizni. |
| **Nő:** Hol lehet Budapesten úszni? |

**1.**

Ⓑ

### E5 | 듣기 텍스트 5

| 듣기 대본 |
| --- |
| Junbeomnak hívnak. 28 éves vagyok, Koreából érkeztem Magyarországra. Taekwondót tanítok Budapesten. Kisgyermekkorom óta űzöm ezt a sportot. |

**1.**

1) Ⓒ

2) Ⓒ

## ✔ 9. lecke

### C. GYAKORLATOK 연습문제

### C1 | SZÓKINCSGYAKORLATOK 어휘 연습

**1.**

1) reggelente

2) foglal

3) göndör

4) frufru

5) esténként

6) névnap

7) hullámos

8) szemöldök

**2.**

1) belváros

2) megfelel

3) ráérek

4) befesteti

5) fotózás

**3.**

1) rövid haj

2) közel valamihez

3) jól néz ki

4) jól áll neked

## 4.

| | | | | | |
|---|---|---|---|---|---|
| hajszínek | szőke | barna | fekete | ősz | vörös |
| hajforma | hullámos | göndör | hosszú | rövid | sima, egyenes |
| kozmetikumok | púder | arckrém | rúzs | szemceruza | szempillaspirál |
| bőrtípus | normál | pattanásos | ráncos | száraz | zsíros |

## C2 | SZÖVEGÉRTÉSI FELADATOK 본문 독해 문제

### 1.

1) H / Borinak lesz névnapja.

2) H / De. Reggelente ráér.

3) I

4) H / Bori foglal időpontot.

5) H / Bori nem festeti szőkére a haját.

6) I

### 2.

1) Ⓒ

2) Ⓓ

3) Ⓐ

4) Ⓒ

5) Ⓑ

### 3.

1) Ⓓ

2) Ⓔ

3) Ⓐ

4) Ⓒ

5) Ⓑ

6) Ⓕ

## C3 | NYELVTANI FELADATOK 문법 문제

### 1.

1) Van szabad időpontjuk péntekre?

2) Szombaton nem érek rá.

3) Mit szól a vasárnap 2 órához?

4) Szőke hajszínt szeretnék.

5) Nagyon jól áll önnek ez a hajszín.

6) Nagyon jól áll neked ez a hajszín.

### 2.

1) mennem

2) készítenem

3) Tanulnom

4) vizsgázom

5) akarok

6) vásárolni

7) Vennem

8) utaznom

9) készít / készített

10) hoznom

11) kell

12) veszek

## 3.

| -at/-et | -tat/-tet |
|---|---|
| hozat | csináltat |
| kéret | dolgoztat |
| szedet | kifizettet |
| méret | elénekeltet |
| főzet | süttet |

## 4.

1) Lemásoltatja a fájlokat.

2) Kávét főzet vele. / Főzet vele egy kávét.

3) Elkészítteti az anyagokat.

4) Behívatja / Behívattatja vele a vendéget.

5) Elküldeti vele a leveleket.

## 5.

1) A fodrásszal **megcsináltatjuk** a frizuránkat.

2) A fodrásszal **befestetjük** a hajunkat.

3) A szerelővel **megjavíttatjuk az autónkat**.

4) **A borbéllyal levágatjuk a szakállunkat**.

5) **Az angoltanárral angolra taníttatjuk a gyereket**.

6) **A tolmáccsal idegen nyelvről tolmácsoltatunk**.

## 6.

1) **kifestetem** a szobákat

2) **lecseréltetem** a bútort

3) **felújíttatom** a fürdőszobát

4) **kicseréltetem** az ablakokat

5) **kicseréltetem** a kerítést

# D. AKTÍV NYELVHASZNÁLAT 능동적 언어구사

## 1.

1) c → e → a → b → d

2) c → f → d → e → a → b

3) g → e → f → h → c → d → a → b

4) d → c → a → b → e

# E. HALLÁS UTÁNI SZÖVEGÉRTÉS 듣기 연습

### E1 | 듣기 텍스트 1

| 듣기 대본 |
|---|
| Mikinek rövid, sötétbarna haja van. A gimnáziumban még hosszú haja volt, de már két éve rövid hajat visel. A barátnőjének, Zsófinak hosszú, szőke, göndör haja van. Kislánykora óta ilyen a haja. Szuminak egyenes, hosszú, fekete haja van. Ezelőtt nem volt frufruja, de most frufrut visel és aranybarna a hajszíne. |

## 1.

1) Ⓑ

2) Ⓒ

3) Ⓐ

4) Ⓑ

5) Ⓑ

## 2.

1) rövid

2) sötétbarna

3) hosszú

4) aranybarna

5) frufrut

6) hosszú

7) szőke

8) göndör

### E2 | 듣기 텍스트 2

| 듣기 대본 |
| --- |
| – Jó napot! Képeslapot szeretnék küldeni Dél-Koreába.<br>– Jó napot! Az melyik ország? Koreai Köztársaság vagy Koreai Népi Demokratikus Köztársaság?<br>– Koreai Köztársaság.<br>– Elsőbbségivel kéri?<br>– Nem. Simán.<br>– 600 forint lesz. Készpénzzel vagy kártyával fizet? |

**1.**

1) Ⓑ

2) Ⓒ

3) Ⓑ, Ⓒ, Ⓓ

4) Ⓐ

5) Ⓓ

**2.**

1) küldeni

2) Koreai Köztársaságnak

3) fizetnie

4) Nem tudjuk

## ✔ 10. lecke

### C. GYAKORLATOK 연습문제

### C1 | SZÓKINCSGYAKORLATOK 어휘 연습

**1.**

1) karácsony

2) kinyílik

3) leszáll

4) besétál

5) Lengyelország

6) belép

7) felmegy

8) lenémít

**2.**

1) járt a Mikulás

2) nagy szakállú

3) előveszi

4) ebédel

5) vacsorázik

6) jól érzem (itt) magam

**3.**

1) lefekszik

2) leszáll

3) megáll

4) ad

5) lenémít

### C2 | SZÖVEGÉRTÉSI FELADATOK 본문 독해 문제

**1.**

1) I

2) H / A Mikulás december 6-án jár.

3) I

4) H / Szumi reggel fogat mos. / Szumi reggel is mos fogat.

5) I

6) H / Szumi a menzán ebédel.

## 2.

1) Ⓒ

2) Ⓒ

3) Ⓐ

4) Ⓐ

5) Ⓒ

## 3.

1) Ⓑ

2) Ⓓ

3) Ⓐ

4) Ⓕ

5) Ⓒ

6) Ⓔ

## C3 | NYELVTANI FELADATOK 문법 문제

### 1.

1) Minden reggel 7-kor kelek.
2) Megmosakszom [Megmosakszok] és megreggelizem [megreggelizek].
3) Időben érek be az egyetemre.
4) Óra előtt kikapcsolom vagy legalább lenémítom a telefonomat [a telefonom].
5) Este még megtanulom a leckét, és felkészülök a következő napra.

### 2.

1) tanul
2) gyakorol
3) él [lakik]
4) laknak [élnek]
5) el
6) játszani
7) szokott
8) keresi meg
9) alszik el
10) kel fel
11) lezuhanyozik
12) iszik
13) megy
14) be

### 3.

1) mosakszom meg, mosom meg
2) reggelizem meg
3) iszom meg
4) indulok el
5) sétálok be

## D. AKTÍV NYELVHASZNÁLAT 능동적 언어구사

### 1.

1) e → f → c → a → d → g → b
2) f → a → e → d → b → c
3) j → a → g → b → f → c → i → e → h → d
4) e → a(b) → d → c → f → b(a)

## E. HALLÁS UTÁNI SZÖVEGÉRTÉS 듣기 연습

### E1 | 듣기 텍스트 1

| 듣기 대본 |
|---|
| Zoli a szüleivel tölti a karácsonyt. Ketten vannak testvérek, egy bátyja van. A bátyjának még nincs felesége, ezért ő is hazamegy karácsonyra a szülői házba. December 24-én, szenteste mindenki otthon van. Megeszik a hagyományos karácsonyi |

vacsorát: a halászlét, a rántott halat és a mákos kalácsot. A halhoz fehér bort isznak. Mindenki ajándékot ad és kap. Zoli idén egy szép könyvet ajándékozott a bátyjának.

**1.**

1) Ⓑ

2) Ⓒ

3) Ⓐ

4) Ⓓ

5) Ⓑ

**2.**

1) tölti

2) hazajön

3) halat

4) könyvet

### E2 | 듣기 텍스트 2

| 듣기 대본 |
|---|
| –Tomi!<br>– Tessék, Timi.<br>– Elromlott a töltőm. Kölcsönadod a tiédet?<br>– Persze. Tessék.<br>[Kis idő múlva.]<br>– Tomi?<br>– Tessék, Timi!<br>– Nem tudom ezt a fájlt megnyitni.<br>– Mert nincs telepítve a gépedre a program.<br>– Feltelepíted?<br>– Persze. Csak előbb letöltöm.<br>– Köszönöm. Olyan rendes vagy! |

**1.**

1) Ⓐ

2) Ⓑ

3) Ⓑ

4) Ⓒ

5) Ⓐ

6) Ⓓ

**2.**

1) elkérte

2) megnyitni

3) telepíteni

4) megköszönte

## ✓ 11. lecke

### C. GYAKORLATOK 연습문제

### C1 | SZÓKINCSGYAKORLATOK 어휘 연습

**1.**

1) bemutatkozik

2) láttalak

3) tényleg

4) késik

5) villany / vihar

6) betörő

7) nyitva

8) szeretlek

**2.**

1) telefonszámot cserélnek

2) ég a villany

3) ismeri

4) buli

5) korsó

6) retúrjegy

### 3.

1) késik

2) elalszik

3) ég a villany / fel van kapcsolva a villany

4) bementem

5) ír

## C2 | SZÖVEGÉRTÉSI FELADATOK 본문 독해 문제

### 1.

1) H / Szumi finn diákokkal találkozott.

2) H / Szumi egy buliban volt.

3) I

4) H / Pekka mindig késik.

5) I

6) H / Pekka Annának írta, hogy „szeretlek".

### 2.

1) Ⓓ

2) Ⓐ

3) Ⓑ

4) Ⓒ

5) Ⓐ

6) Ⓒ

### 3.

1) Ⓑ

2) Ⓓ

3) Ⓐ

4) Ⓕ

5) Ⓒ

6) Ⓔ

## C3 | NYELVTANI FELADATOK 문법 문제

### 1.

1) Megadod a telefonszámodat?

2) Látásból már ismerjük egymást.

3) Holnapután felhívlak.

4) Elaludtál a könyvtárban.

5) Szeretném kölcsönkérni a jegyzeteidet.

### 2.

1) találkoztak

2) ismerték

3) cseréltek

4) késik

5) elkérni

6) gondolt

7) elaludt

8) égett

9) bement

10) aludt

11) írt

12) szeretlek

### 3.

1) beszkenneli

2) lefényképezi

3) kiviszi

4) megrendeli

5) elaludt

6) meglátta

7) fut

8) elmegyek

9) megyünk

10) elrepülnek

**4.**

1) eloszlanak

2) felkelek,

3) megmosakszom,

4) megreggelizek,

5) megmosom

6) felöltözöm,

7) elindulok

8) Felszállok

9) elutazom

10) megérkezik

11) leszállok

12) Bemegyek

13) felmegyek

14) Beülök

15) előveszem

16) megnézem

17) kikapcsolom

18) Bejön

19) elkezdődik

20) lemegyek

21) megebédelek

22) elbeszélgetek

23) visszaindulok

24) Megtanulom

25) megvacsorázom

26) megfürdök

27) lefekszem

28) elmegyek

## D. AKTÍV NYELVHASZNÁLAT 능동적 언어구사

**1.**

1) e → a(b) → d → b(a) → c → f

2) c → d → e → a → f → b

3) e → b → d → a → g → f → c

4) f → b → g → a → e → d → c

5) f → g → e → a → c → b → d → h

## E. HALLÁS UTÁNI SZÖVEGÉRTÉS 듣기 연습

### E1 | 듣기 텍스트 1

| 듣기 대본 |
| --- |
| Zoli egyedül él. Zolinak nincs barátnője. Sokat van egyedül. Tavaly volt egy barátnője, de szakítottak. Két évig jártak együtt. Azóta Zolinak nincs senkije. Egyedül jár sétálni, egyedül megy vásárolni, egyedül jár moziba. Nagyon szomorú. |

**1.**

1) Ⓓ

2) Ⓒ

3) Ⓓ

4) Ⓑ

5) Ⓓ

**2.**

1) után

2) egyedül

3) Mindenhova

4) szomorú

## E2 | 듣기 텍스트 2

| 듣기 대본 |
| --- |
| – Timi!<br>– Tessék, Tomi.<br>– Eljössz velem moziba?<br>– Mikor?<br>– Ma este.<br>– Mit akarsz megnézni?<br>– Egy koreai filmet. Az Élősködőket.<br>– Amelyik négy Oscart nyert?<br>– Igen, azt.<br>– Már láttam. De szívesen megnézem veled újra. Hol játsszák?<br>– A művészmoziban. |

### 1.

1) Ⓐ

2) Ⓒ

3) Ⓑ

4) Ⓐ

5) Ⓒ

### 2.

1) elhívja

2) megkérdezi

3) híres

4) kapott

# ✔ 12. lecke

## C. GYAKORLATOK 연습문제

### C1 | SZÓKINCSGYAKORLATOK 어휘 연습

### 1.

1) esküvő

2) vőlegény

3) menyasszony

4) örömszülők

5) hajó

6) zongora

7) ajándék

8) nyaklánc

### 2.

1) ajándékoz

2) menő

3) imád

4) házas

5) lefényképezi

### 3.

1) veszélyes

2) kopasz

3) elválik

4) kellemetlen

5) nem az enyém, kölcsönöztem

## 4.

| | | | | |
|---|---|---|---|---|
| gyerek | ← apa | ← apai nagyapa | ← apai nagyapai dédapa | apai ükapa |
| | | | | apai ükanya |
| | | | ← apai nagyapai dédanya | apai ükapa |
| | | | | apai ükanya |
| | | ← apai nagyanya | ← apai nagyanyai dédapa | apai ükapa |
| | | | | apai ükanya |
| | | | ← apai nagyanyai dédanya | apai ükapa |
| | | | | apai ükanya |
| | ← anya | ← anyai nagyapa | ← apai nagyapai dédapa | anyai ükapa |
| | | | | anyai ükanya |
| | | | ← apai nagyapai dédanya | anyai ükapa |
| | | | | anyai ükanya |
| | | ← anyai nagyanya | ← apai nagyanyai dédapa | anyai ükapa |
| | | | | anyai ükanya |
| | | | ← apai nagyanyai dédanya | anyai ükapa |
| | | | | anyai ükanya |
| én és a testvéreim | a szüleim | a nagyszüleim | a dédszüleim | az ükszüleim |

| | fiú | lány |
|---|---|---|
| Idősebb | a bátyám<br>a bátyjaim / a bátyáim | a nővérem<br>a nővéreim |
| Egykorú | az ikertestvérem / az ikertestvéreim | |
| Fiatalabb | az öcsém<br>az öccseim / az öcséim | a húgom<br>a húgaim |

## C2 | SZÖVEGÉRTÉSI FELADATOK 본문 독해 문제

### 1.

a. I

b. H / Anna egy esküvőn volt. (Anna volt esküvőn.)

c. H / Anna fényképezett az esküvőn.

d. H / A vőlegény öccse sokat ivott.

### 2.

1) Ⓒ

2) Ⓐ

3) Ⓑ

4) Ⓒ

### 3.

1) Ⓔ

2) Ⓒ

3) Ⓕ

4) Ⓑ

5) Ⓐ

6) Ⓓ

## C3 | NYELVTANI FELADATOK 문법 문제

### 1.

1) Szia, ideülhetek hozzád?

2) Gazdagok, nagyon jól megy nekik.

3) A nagyszüleim 60 éve házasok.

4) Nagyon jól néz ki, egy csinos ruha van rajta.

5) Zoli még nem tud róla, hogy itt vagyok.

### 2.

1) találkozik [találkoznak]

2) mesél

3) járt

4) Megmutatja

5) készített

6) Elmeséli

7) történt

8) eltűnt

9) megtalálták

10) lett

11) levetette

12) lefeküdt

## D. AKTÍV NYELVHASZNÁLAT 능동적 언어구사

### 1.

1) d → a → b → f → e → c

2) d → b → e → f → c → a

3) f → e → c → a → b → d

4) g → e → d → c → b → f → a

## E. HALLÁS UTÁNI SZÖVEGÉRTÉS 듣기 연습

### E1 | 듣기 텍스트 1

| 듣기 대본 |
|---|
| Zoli 21 éves. Szőke hajú, kék szemű magyar fiú. Most éppen nem látszik, hogy szőke haja van, mert kopasz. A szülei nem örültek ennek. Zoli azt mondta, ha minden vizsgája jól sikerül és mindenből ötöse lesz félévkor, akkor leborotváltatja a haját. Régebben Zoli nem volt nagyon jó tanuló. De most már az. A szülei örülnek és szomorúak is. Örülnek, hogy jók lettek a jegyei és szomorúak, hogy a bátyja esküvőjére már kopaszon ment. Zoli most azt mondja, hogy ezért most tíz évig nem fogja levágatni a haját. Nagyon érdekes lesz! |

### 1.

1) Ⓑ

2) Ⓓ

3) Ⓑ

4) Ⓒ vagy Ⓑ

5) Ⓓ

### 2.

1) huszonegy

2) kopasz

3) kellemetlen

4) Nem is tud róla

## E. HALLÁS UTÁNI SZÖVEGÉRTÉS 듣기 연습

### E2 | 듣기 텍스트 2

| 듣기 대본 |
| --- |
| – Szia, Szumi! |
| – Szia, Zoli! |
| – Mi újság? Mikor is mégy vissza Koreába? |
| – A jövő héten. |
| – Nem fog hiányozni Magyarország? |
| – De, nagyon! De azért annak is örülök, hogy hazamegyek. Hiányzik a családom. |
| – Hosszú volt ez a félév! Van barátod Koreában? |
| – Nincs. Miért? |

**1.**

1) Ⓐ

2) Ⓐ

3) Ⓑ

4) Ⓒ

5) Ⓒ

**2.**

1) csoporttársa

2) hazautazik

3) várja

4) megkérdezi